从零开始新股民炒股入门

张 莲◎编著

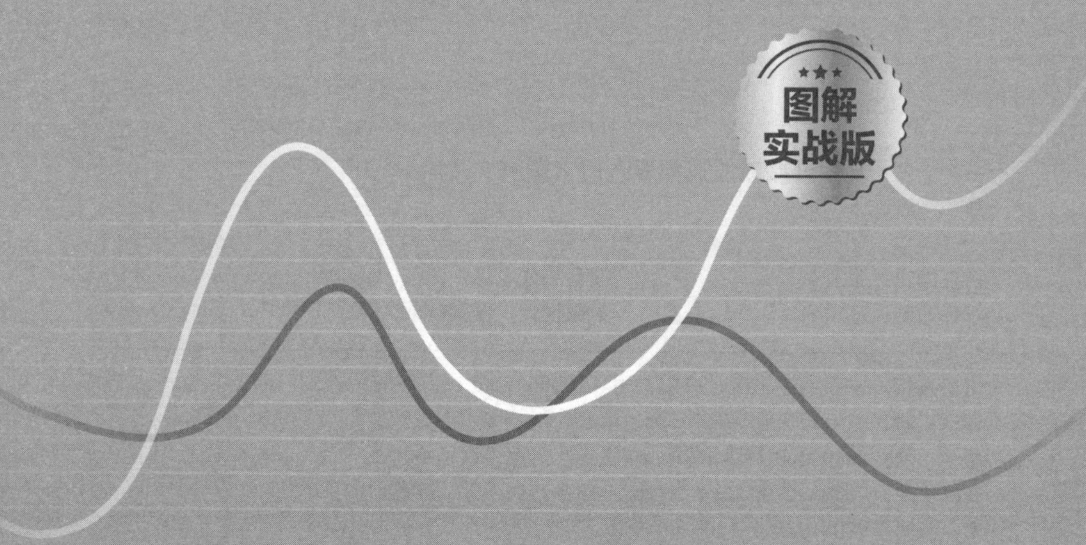

中国铁道出版社有限公司
CHINA RAILWAY PUBLISHING HOUSE CO., LTD.

内 容 简 介

本书主要为读者讲解炒股入门的一些相关知识，全书一共有10章，共计146个知识点，内容包括股票基础知识、炒股交易流程、炒股软件介绍、多角度选股、K线图分析、K线组合形态、盯紧盘面信息、各类指标介绍、成交量以及股市风险等。通过对本书的学习，读者可以快速地掌握股票知识及其分析方法，用以在实战中研判行情走势。

本书特别适合对于炒股具有浓烈兴趣的新股民、股票投资爱好者，另外具有一定投资经验的股民也可以在书中学到有用的知识。

图书在版编目（CIP）数据

从零开始新股民炒股入门：图解实战版 / 张莲编著 .—北京：中国铁道出版社有限公司，2019.9

ISBN 978-7-113-26045-3

Ⅰ.①从… Ⅱ.①张… Ⅲ.①股票投资－基本知识 Ⅳ.①F830.91

中国版本图书馆CIP数据核字（2019）第140040号

书　　名：从零开始新股民炒股入门（图解实战版）
作　　者：张　莲

责任编辑：张亚慧　　**读者热线电话：**010-63560056
责任印制：赵星辰　　**封面设计：**MXK DESIGN STUDIO

出版发行：中国铁道出版社有限公司（100054，北京市西城区右安门西街8号）
印　　刷：三河市兴达印务有限公司
版　　次：2019年9月第1版　2019年9月第1次印刷
开　　本：700mm×1000mm　1/16　**印张：**14.75　**字数：**219千
书　　号：ISBN 978-7-113-26045-3
定　　价：55.00元

前言
PREFACE

人人都希望通过投资的方式让自己闲置的资金得到增值，而炒股无疑是一种有效、高收益、低门槛、适合大众的投资活动。但是高收益的同时，也就意味着高风险，为了降低投资风险，投资者需要掌握一定的股票知识，避免盲目投资，给自己带来不可挽回的巨大损失。

对于股票，很多人只是听闻，不曾真正接触过，单纯认为炒股依靠的是运气，只要运气好便可以赚得盆满钵满。实际不然，运气只能带来一时的收益，真正通过炒股获得稳定收益的投资者通常都具备扎实的股票知识和纯熟的投资技巧。

为了让更多的投资者了解股票知识，掌握相关的技术分析方法，在股市中分得一杯羹，我们撰写了此书。希望广大读者通过对本书的阅读与学习，可以在对股票有一个基本了解的同时，掌握一定的操作分析技能。

本书内容

本书总共10章内容，主要从股票相关基础知识、多角度分析选股、技术分析以及股市风险4个方面对股票知识进行讲解，具体内容安排如下表所示。

部分	内容介绍
股票基础知识（第 1 ~ 3 章）	主要介绍股票的基础知识、股票交易的基本流程以及炒股行情软件的操作。
多角度选股（第 4 章）	在了解股票交易相关知识后，投资者可以尝试着自己选股进行操作。本章主要介绍的是在众多的股票中选择到优质股的方法。
技术分析（第 5 ~ 9 章）	这部分是本书的重点部分，主要介绍的是各种炒股技术的使用，包括 K 线图、K 线组合形态、盘面数据信息、各类技术指标应用以及成交量的相关运用。
股市风险（第 10 章）	这部分主要介绍的是股市投资中不可避免的风险，以及降低这些风险的一些方法。

本书特点

知识全面，从零开始学得全

本书系统地梳理了股票的所有必要相关知识，全面地介绍了股票的基础知识、股票交易流程、炒股软件、股市分析技术以及股市风险等内容。让零基础的新股民可以快速入市，并学会一定的炒股技术。

典型案例，实战解析易理解

本书在介绍的过程中列举了大量的典型案例，以最新的行情数据为基础，进行深入分析，帮助读者对知识点进行快速掌握，也方便读者加深对知识点的理解与认识，并提升实战分析技能。

以图析文，简化理解学得快

为了方便读者快速掌握知识点，本书在讲解的过程中设计了大量不同结构的图示、表格，力求以简单的图形结构展示复杂的知识内容，让整个知识的理解更简单、清晰。

小单元有针对，碎片化学习更轻松

本书精选了146项知识点，以NO.的方式进行编号，方便读者快速找到知识点的对应位置。此外，一个NO.就是独立的一个知识单元，针对讲解，而且内容量不大，非常适合碎片化阅读、学习。

本书读者

本书的适用范围比较广泛，包括准备入市的新股民，具备一定炒股基础但缺乏大量实战经验的股民以及股票投资爱好者，相信通过对本书的阅读，都可以在书中学到有用的知识。

由于编者经验有限，加之时间仓促，书中难免会有疏漏和不足之处，恳请专家和读者不吝赐教。

编　者

2019年6月

目录
CONTENTS

第 1 章

一看就懂的股票基础知识

如今，越来越多的人开始注重管理自己的闲散资金，从而实现资产的增值。其中“炒股”是比较热门的一种理财方式。本章将为大家介绍一些关于股票的基础知识，帮助新股民快速入门。

NO.001 什么是股票
NO.002 股票的价值与价格
NO.003 股票的分类情况
NO.004 常用的股市术语
NO.005 证券与证券市场的概述
NO.006 证券市场的组成要素
....

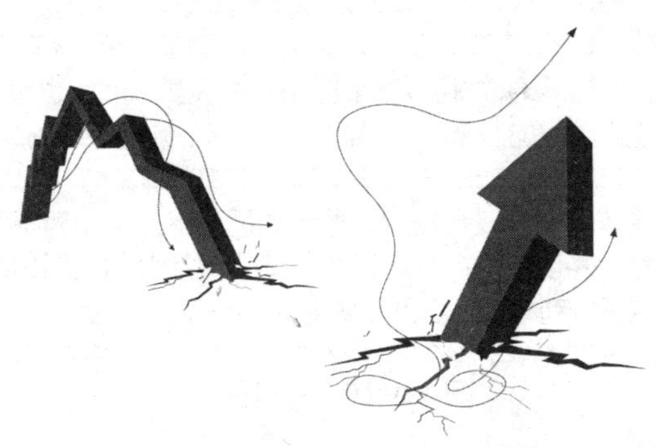

1.1 炒股需要先识股

“炒股”是投资者打理资产，实现资产增值的重要理财手段，并且由于其高回报率的特性使得其成为时下热门的理财方式。但是对于新进的股民而言，刚入市不要先想着高回报，而是应该对股票有个全面的了解。

NO.001 什么是股票

股票是股份公司为筹集资金而发行给股东作为持股凭证并借以取得股息和红利的一种有价证券。每股股票都代表股东对企业拥有一个基本单位的所有权。它是股份公司资本的构成部分，它同商品一样可以转让、买卖以及作价抵押。股票作为一种有价证券具有5个基本特性，如图1–1所示。

参与性	股东有权出席股东大会，选举公司董事会，参与公司的重大决策。其中，股东参与公司决策的权利大小取决于其持有的股份多少。
收益性	股东持有的股票，作为投资的回报收益，可以从公司领取股息或红利。股息或红利的多少主要取决于公司的盈利水平和盈利分配政策。除此之外，股民还可以通过低价买入、高价卖出的方法，获取利润。
不可偿还性	股票作为一种长期性的投资，股民一旦购买股票便不能要求退股返还资金。如果需要取回资金，可以将股票转让给第三方。需要注意的是，股票的转让只是股东身份的转移。
流通性	股票具有流通性，可以在证券市场中买卖、转让，也可以继承、抵押。流通性越强的股票，交易的频率越高，收益就越高。
风险性	股票作为一种投资理财手段，如同商品一样，有着自己的市场和价格，并且受到多种因素的影响，包括公司盈利情况、大众心理以及银行利率等，因此，炒股具有一定的风险性。

图1-1 股票的特性

NO.002 股票的价值与价格

股票价值是一种虚拟资本的形式，它本身并没有价值。股票之所以有价，是因为股票持有人，即股东，有权参与股东大会并作出重大决策，影响股份公司的经营决策，同时还享有参与分红和派息的权利，从而获得投资收益。因此，股票的价值包括了票面价值、账面价值、清算价值、发行价和市价，如表 1-1 所示。

表 1-1　股票的价值

种类	含义
票面价值	票面价值即在股票票面上标明的金额，它以“元 / 股”为单位，标明每一张股票所包含的资本数额
账面价值	账面价值又称为净值或每股净资产，是用会计统计的方法计算出来的每股股票所包含的资产净值。其计算方法是用公司的净资产除以总股本，得到的就是每股的净值。股份公司的账面价值越高，则股东实际拥有的资产就越多。由于账面价值是财务统计、计算的结果，数据较精确而且可信度很高，所以它是股票投资者评估和分析上市公司实力的重要依据之一，每一位股民都应重视该数据
清算价值	股票的清算价格是指一旦股份公司破产或倒闭后进行清算时，每股股票所代表的实际价值。从理论上讲，股票的每股清算价格应与股票的账面价值相一致，但企业在破产清算时，其财产价值是以实际的销售价格来计算的，而在进行财产处置时，其售价一般都会低于实际价值。所以股票的清算价格就会与股票的净值不一致。股票的清算价格只是在股份公司因破产或其他原因丧失法人资格而进行清算时才被作为确定股票价格的依据，在股票的发行和流通过程中并没有意义
发行价	当股票上市发行时，上市公司从公司自身利益以及确保股票上市成功等角度出发，对上市的股票不按面值发行，而制定一个较为合理的价格来发行，这个价格就称为股票的发行价
市价	股票的市价是指股票在交易过程中交易双方达成的成交价，通常所指的股票价格就是指市价。股票的市价直接反映股票市场的行情，是股民购买股票的依据。由于受众多因素的影响，股票的市价处于经常性的变化之中。股票价格是股票市场价值的集中体现，因此这一价格又称为股票行市

股票的价格指的是股票在证券市场上买卖交易时的价格，它与股票的价值是相对的概念。股票价格的真实含义是企业资产的价值。而股票的价值就等于每股收益乘以市盈率。

NO.003 股票的分类情况

目前市面上的股票种类有很多，根据股东的权益、发行范围、投资主体以及上市公司业绩，可以对股票进行不同的分类。首先，按照股东的权益可以分为普通股、优先股和劣后股，如图 1-2 所示。

普通股	普通股指的是持有该种股票的股东都享有同等的权利，包括经营决策权、重大决策参与权、剩余资产分配权等。普通股是股票中最普通、最重要的股票种类。
优先股	优先股指股东享有某些优先权利的股票。优先股股票的发行通常是股份公司出于某种特定的目的和需要，股票的票面上会标明“优先股”字样。在公司经营良好，盈利正常的情况下，优先股股息收益可能低于普通股。
劣后股	劣后股也称为后分股、后配股，顾名思义，该类股票在盈余和剩余财产分配上劣后于普通股，通常是在普通股分配之后，再对剩余利益进行分配。

图 1-2 股东权益下的股票分类

另外，按照股票的发行范围可将其划分为 A 股、B 股、H 股、N 股、S 股和 L 股，具体如下所示。

- **A 股**：A 股即人民币普通股，是由我国境内公司发行，供境内机构、组织或个人以人民币认购和交易的普通股股票。
- **B 股**：B 股的正式名称是人民币特种股票，它是以人民币标明面值，以外币认购和买卖，在我国境内证券交易所上市交易的外资股。B股公司的注册地和上市地都在境内。

- **H 股：** H 股也称国企股，指注册地在内地、上市地在香港的外资股。因香港英文——HongKong 首字母，而称得名 H 股。H 股为实物股票，实行“T+0”交割制度，无涨跌幅限制。
- **N 股：** N 股指在美国纽约的证券交易所上市的外资股票，取纽约（New York）字首的第一个字母 N 作为名称。在中国股市中，当股票名称前出现了 N 字，表示这只股是当日新上市的股票，字母 N 是英文 New（新）的缩写。
- **S 股：** S 股指在我国内地注册，在新加坡上市的外资股，因新加坡英文单词“Singapore”首字母“S”而得名。
- **L 股：** L 股主要是指在我国内地注册，在伦敦上市的外资股，因伦敦的英文单词“London”首字母为“L”而得名。

根据股票购买主体的不同，可以将股票分为国家股、法人股和公众股，如 1–3 所示。

国家股	法人股	公众股
国家股指有权代表国家投资的部门或机构以国有资产向公司投资形成的股份，它一般指经过评估并经国有资产管理部门确认的国有资产折算成的股份。	法人股指企业法人或具有法人资格的事业单位和社会团体，以其依法可经营的资产向公司非上市流通股权部分投资形成的股份。	公众股指社会个人或股份公司内部职工以个人合法财产投入公司形成的股份。公众股包括公司职工股和社会公众股两种形式。

图 1-3 根据购买主体分类

最后还可以依照上市公司当前业绩、预期业绩以及市盈率等标准来划分股票。公司的业绩情况对股价的发展变化具有直接影响的作用。按照上市公司的业绩情况，我们可以将股票为蓝筹股、绩优股、垃圾股以及ST股等，具体如图1-4所示。

蓝筹股	“蓝筹”一词源于西方赌场，在西方赌场中，有3种颜色的筹码，其中蓝色筹码最为值钱，证券市场上将经营业绩较好，具有稳定且较高的现金股利支付的公司股票称为“蓝筹股”。它多指长期稳定增长的、大型的、传统工业股及金融股。
绩优股	绩优股就是业绩优良公司的股票。在我国，股民衡量绩优股的主要指标是每股税后利润和净资产收益率。一般而言，每股税后利润在全体上市公司中处于中上地位，公司上市后净资产收益率连续3年显著超过10%的股票就属于绩优股。
垃圾股	垃圾股指的是业绩表现较差的公司的股票。该类上市公司通常经营不善，有的甚至出现亏损，股票在市场上表现出萎靡不振，股价走低，交投不活跃等情况。
ST股	ST是英文“Special Treatment”的缩写，意思是“特别处理”。该政策针对的是出现财务状况或其他状况异常的股票。如果这只股票的名字上加了“ST”，就意味着该股票存在着巨大的投资风险，股民需要谨慎投资。但是这类股票的大风险性可能也就意味着大收益。如果加上“*ST”，那么就是该股票有退市风险，希望警惕的意思。

图1-4 股票按照业绩划分

小贴士 *ST股票的交易原则*

ST股的风险性较高，所以为了保证公平交易，ST股的交易需要遵循4项原则：股票报价日涨跌幅限制均为5%；股票名称改为原股票名前加“ST”；上市公司的中期报告必须经过审计；显示行情时不能将特别处理的股票与其他股票每日行情混合刊登，要在报刊上另设专栏刊登。

NO.004 常用的股市术语

对于刚刚入市的新股民而言，面对股市中的各类术语常常是云里雾里，不知所措。其实，所谓股市术语就是在股市中用来表达各种能量关系的特殊语言，常用的股市术语如表 1-2 所示。

表 1-2　股市的常用术语

分类	术语	含义
股票术语	冷门股	交易量小，流通性差，价格变动幅度小的股票
	热门股	交易量大，流通性强，价格变动幅度大的股票
	小盘股	股本较小的股票
	大盘股	股本较大的股票
	黑马股	价格可能脱离过去的价位而在短期内大幅度上涨的股票
	白马股	股价持续稳定上涨，并且还有一定的上涨空间
	领导股	对整个股市行情的趋势具有导向作用的股票
股价术语	最低价	股票当天成交的最低价
	最高价	股票当天成交的最高价
	涨停价	涨停板的市价为涨停价
	跌停价	跌停板的市价为跌停价
	天价	个股或股指由多头市场转为空头市场的最高价
	填空	将跳空出现时没有交易的空价位补回来，填补跳空价格
	铁底	指股价绝对不可能跌破的底部价位
	头部	指股价上涨至某个价位时遇阻力而下滑
	突破	指股价经过一段盘档时间后产生的价格波动

续表

分类	术语	含义
股票发行	路演	上市公司发行股票时，公司领导和股票承销商向股民介绍公司情况，接受股民咨询
	主承销商	上市公司聘请的证券公司，主要对公司上市进行辅导以及帮助公司在一级市场发行股票
	承销	指将股票销售业务委托给专门的股票承销机构代理
	认股权证	股票发行公司增发新股时发给公司原股东的一种证书，通过该证书，股东可以约定价格购买一定数量的股票
	发行费用	指发行公司在筹备和发行股票过程中产生的费用
	溢价发行	有两种情况：一是新上市的公司以高于面值的价格办理公开发行；二是已上市的公司以高于面值的价格办理现金增资
	中间价发行	指股票以时价和面值的中间价格作为发行价格
	增发新股	指上市公司再次发行新股的行为
	摘牌	指上市公司因长期亏损扭转无望或其他原因而被停止上市交易

1.2 股票交易的场所

在外行看来，炒股似乎是一项“高大上”的投资活动，但实际上炒股就是从事股票的买卖活动，通过在证券市场买入与卖出股票，通过股价差额获取利润。其中就涉及股票交易场所，新股民需要对其了如指掌。

NO.005 证券与证券市场的概述

证券是多种经济权益凭证的统称，也指专门的种类产品，是用来证明券票持有人享有的某种特定权益的法律凭证。根据性质不同可以对证券进行分类，如图 1–5 所示。

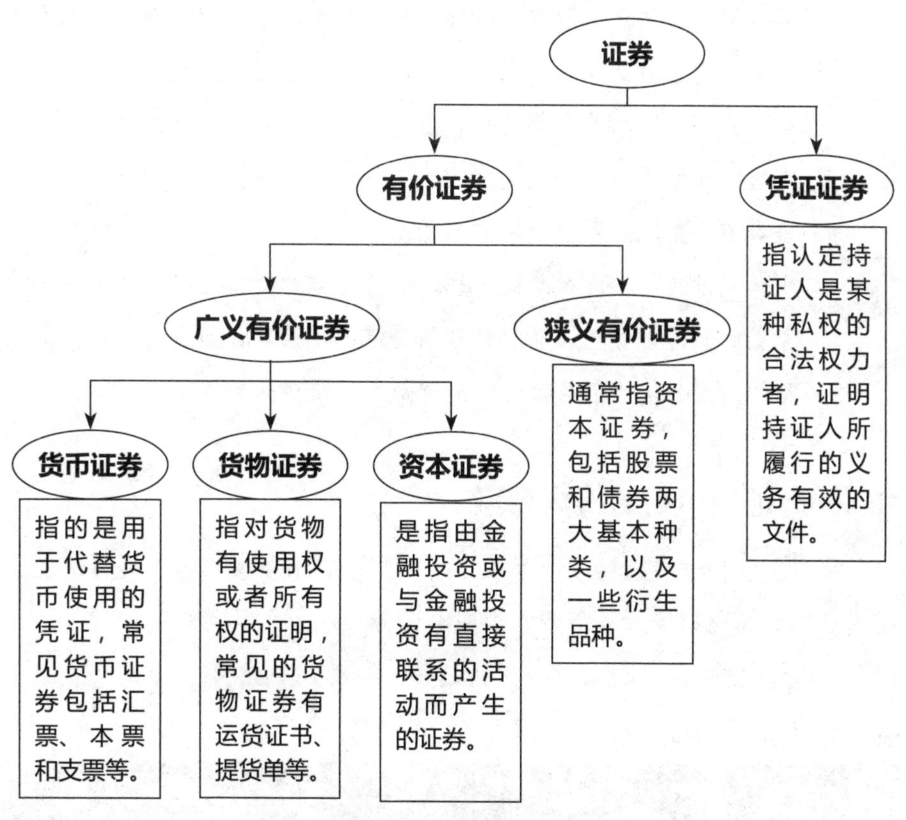

图 1-5 证券的具体分类

证券市场，从广义上来看，是指所有证券发行和交易的场所；狭义上指资本证券市场、货币证券市场和商品证券市场，即股票、债券、股票期权、利率期货等证券产品发行和交易的场所。证券市场有 3 个显著的特征，具体如下所示。

◆ **证券市场是价值直接交换的场所：**有价证券是价值的直接代表，其本质上只是价值的一种直接表现形式。虽然证券交易的对象是各种各样的有价证券，但由于它们是价值的直接表现形式，所以证券市场本质上是价值的直接交换场所。

- **证券市场是财产权利直接交换的场所：**证券市场上的交易对象是作为经济权益凭证的股票、债券、投资基金券等有价证券，它们本身仅是一定量财产权利的代表，所以，代表着对一定数额财产的所有权、债权以及相关的收益权。因此，证券市场实际上是财产权利的直接交换场所。
- **证券市场是风险直接交换的场所：**有价证券既是一定收益权利的代表，同时也是一定风险的代表。有价证券的交换，在转让出一定收益权的同时，也把该有价证券所特有的风险转让出去。所以，从风险的角度分析，证券市场也是风险的直接交换场所。

NO.006 证券市场的组成要素

看似繁杂的证券市场简单来说，主要由证券市场参与者、证券市场交易工具和证券交易场所 3 个要素组成。证券市场上活跃着众多的参与者，根据其功能性质的不同可以将其进行划分，如表 1-3 所示。

表 1-3　证券参与者的类型

种类	含义
证券发行人	证券发行人是指为筹措资金而发行债券、股票等证券的政府及其机构、金融机构、公司和企业。证券发行人是证券发行的主体
证券投资者	证券投资者是证券市场的资金供给者，也是金融工具的购买者，根据投资目的的不同可分为机构投资者和个人投资者两大类
证券市场中介机构	证券市场中介机构指为证券的发行与交易提供服务的各类机构，包括证券公司和其他证券服务机构，通常把两者合称为证券市场中介机构
自律性组织	自律性组织包括证券交易所和证券行业协会
证券监管机构	我国证券监管机构是指中国证券监督管理委员会及其派出机构。它是国务院直属的证券管理监督机构，依法对证券市场进行统一监管

证券市场上的投资活动必须借助一些工具或手段来具体实现，也就是证券交易工具，即证券交易对象。常用的证券交易工具包括：政府债券、金融债券、股票、基金以及金融衍生证券等。

证券交易场所包括场内交易市场和场外交易市场两种形式。场内交易市场是指在证券交易所内进行的证券买卖活动，这是证券交易场所的规范组织形式；场外交易市场是在证券交易所以外的地方进行证券买卖活动，它包括柜台交易市场（又称店头交易市场）、第三市场、第四市场等形式。

NO.007 证券交易所的职能

证券交易所是为证券集中交易提供场所和设施，组织和监督证券交易，实行自律管理的法人。我国有关法律规定：证券交易所应当创造公开、公平、公正的市场环境，为客户提供便利条件，保证证券交易的正常运行。证券交易所的具体职能如图 1–6 所示。

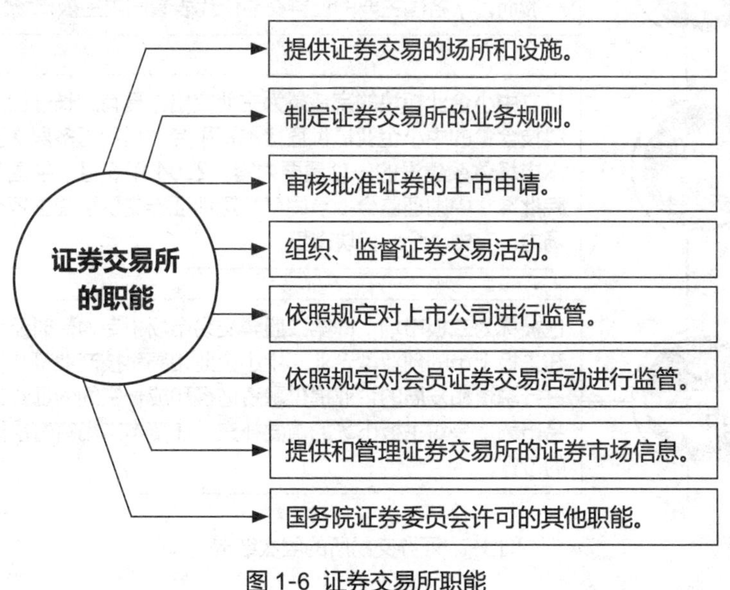

图 1-6 证券交易所职能

证券交易所分为公司制和会员制两种。这两种证券交易所既可以是政府或公共团体出资经营的（称为公营制证券交易所），也可以是私人出资经营的（称为民营制证券交易所），还可以是政府与私人共同出资经营的（称为公私合营的证券交易所）。根据未来的发展趋势来看，所有的证券交易所或许都将从会员制向公司制转变。

NO.008 我国证券交易所的层次结构

因为经济的快速发展，各行各业不断扩大对资本的需求，所以我国在以上海、深圳证券交易所作为主板市场的基础上，又在深圳证券交易所设立了中小企业板市场和创业板市场，具体如图 1-7 所示。

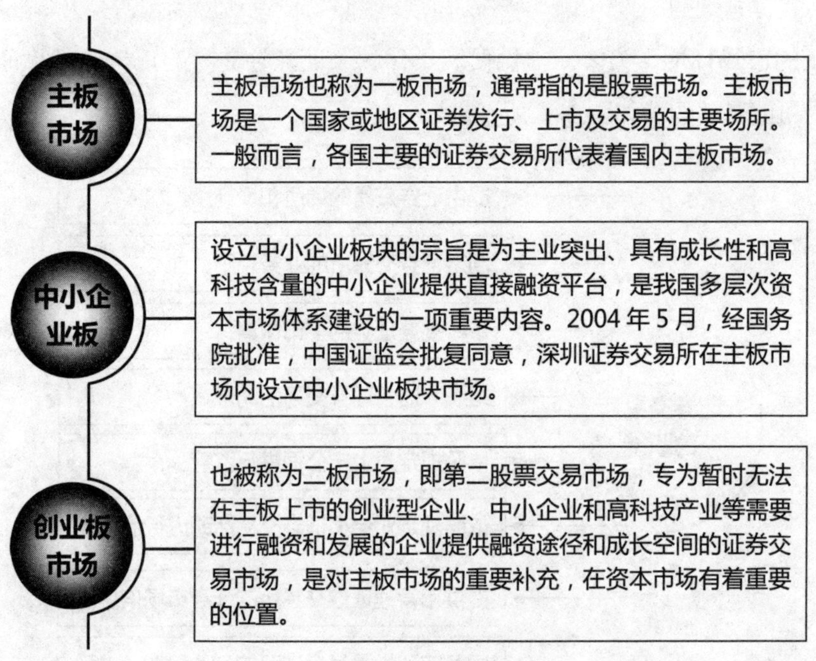

图 1-7 证券交易所的层次结构

1.3 常见的股市指数

股市行情瞬息万变，股民为了降低自己的投资风险不得不实时掌握股市走向，了解股市变化。为了使股民更加快速、清晰、准确地了解股价变化，一些金融服务机构就利用自己的业务知识以及对市场的熟悉情况编制出股票价格指数，并公开发布，以此作为市场价格变动的指标。

NO.009 股票指数

股票指数全称为股票价格指数，通常将其简称为股指。它是由证券交易所或金融服务机构编制的标明股市行情变动的一种供参考的指示数字。股票指数的编制和发布主要需要经历 4 个过程，如图 1-8 所示。

① 根据上市公司的行业分布、经济实力、资信等级等因素，选择适当数量且有代表性的股票作为编制指数的样本。样本股票可随时变换或作数量上的增减，以保持良好的代表性。

② 按期到股票市场上采集样本股票的价格。采取的时间隔取决于股票指数的编制周期。股票指数大多为按天编制，即为每一交易日结束时的收盘价。如今股票指数的编制周期日益缩短，采样频率由一天一次变为全天随时连续采样。采样价格也从单一的收盘价发展为每时每刻的最新成交价或一定时间周期内的平均价。

③ 利用科学的方法和先进的手段计算出指数值，股票指数的计算方法主要有总和法、简单平均法、综合法等，计算手段已普及使用电子计算机技术，为了增强股票指数的准确性和灵敏性，必须寻求科学的计算方法和先进的计算技术。

④ 通过新闻媒体向社会公众公开发布。为保持股票指数的连续性，使各个时期计算出来的股票指数相互可比，还需要对指数值做相应的调整。

图 1-8 股指编制与发布过程

NO.010 上证指数系列

上证指数系列指的是由上海证券交易所编制的各种股票指数。上证指数系列的样本为所有在上海证券交易所挂牌上市的股票，可以代表上海证券市场上所有股票的整体涨跌情况。该系列的指数是目前内地市场上影响最大的指数系列之一，通过上证指数系列的各种，股民可以快速掌握股市的变化朝向。上证指数系列包含的具体指数及其介绍如表 1-4 所示。

表 1-4　上证指数系列的各指数简介

类别	名称	含义
样本指数类	上证成份股指数	上证成份股指数，简称“上证 180 指数”，是上海证券交易所对原上证 30 指数进行调整和更名产生的指数。上证成份股指数的编制方案是结合中国证券市场的发展现状并借鉴国际经验，在原上证 30 指数编制方案的基础上进一步完善形成的
	上证 50 指数	2004 年 1 月 2 日，上海证券交易所发布上证 50 指数。上证 50 指数根据流通市值、成交金额对股票进行综合排名，从上证 180 指数样本中选择排名前 50 位的股票组成样本。指数以 2003 年 12 月 31 日为基日，以该日 50 只成份股的调整市值为基期，基数为 1000 点
	上证红利指数	上证红利指数简称“红利指数”，由上海证券交易所编制。上证红利指数由在上海证券交易所上市的现金股息率高、分红比较稳定的 50 只样本股组成，以反映上海证券市场高红利股票的整体状况和走势
综合类指数	上证综合指数	上海证券交易所从 1991 年 7 月 15 日起编制并公布上海证券交易所股价指数，它以 1990 年 12 月 19 日为基期，以全部上市股票为样本，以股票发行量为权数，按加权平均法计算
	新上证综指	新上证综指简称“新综指”，2006 年 1 月 4 日发布。新上证综指选择已完成股权分置改革的沪市上市公司组成样本，实施股权分置改革的股票在方案实施后的第 2 个交易日纳入指数。新上证综指是一个全市场指数，它不仅包括 A 股市值，对于含 B 股的公司，其 B 股市值同样计算在内。新上证综指以 2005 年 12 月 30 日为基日，以该日所有样本股票的总市值为基期，基数为 1000 点
分类指数	\	上证分类指数有 A 股指数、B 股指数、工业类、商业类、地产类、公用事业类及综合类，共 7 类

NO.011 深证指数系列

深证指数系列指的是由深圳证券交易所编制的各种股票指数，该系列的指数的计算方法基本与上证指数系列相同，其样本为所有在深圳证券交易所挂牌上市的股票，权数为股票的总股本。由于以所有挂牌的上市公司为样本，其代表性广泛，且它与深圳股市的行情同步发布，因此它是股民判断深圳股市股票价格变化趋势的重要参考依据。深证指数系列包含的各种指数及其作用如表 1-5 所示。

表 1-5 深证指数系列的各指数简介

类别	名称	含义
样本指数类	深证成份股指数	深证成份股指数由深圳证券交易所编制，通过对所有在深圳证券交易所上市的公司进行考察，按一定标准选出 40 家有代表性的上市公司作为成份股，以成份股的可流通股数为权数，采用加权平均法编制而成。成份股指数以 1994 年 7 月 20 日为基日，基日指数为 1000 点，起始计算日为 1995 年 1 月 25 日
	深证 A 股指数	深证 A 股指数以成份 A 股为样本，以成份 A 股的可流通股数为权数，采用加权平均法编制而成。成份 A 股指数以 1994 年 7 月 20 日为基日，基日指数为 1000 点，起始计算日为 1995 年 1 月 25 日
	深证 B 股指数	深证 B 股指数以成份 B 股为样本，以成份 B 股的可流通股数为权数，采用加权平均法编制而成。成份 B 股指数以 1994 年 7 月 20 日为基日，基日指数为 1000 点，起始计算日为 1995 年 1 月 25 日
	深证 100 指数	深圳证券信息有限公司于 2003 年初发布深证 100 指数。深证 100 指数成份股的选取主要考察 A 股上市公司流通市值和成交金额两项指标，从在深交所上市的股票中选取 100 只 A 股作为成份股，以成份股的可流通 A 股数为权数，采用派氏加权法编制。根据市场动态跟踪和成份股稳定性原则，深证 100 指数将每半年调整一次成份股。深证 100 指数以 2002 年 12 月 31 日为基准日，基准指数定为 1000 点，从 2003 年第 1 个交易日开始编制和发布
综合指数类	深证综合指数	深圳证券交易所综合指数包括：深证综合指数、深证 A 股指数和深证 B 股指数。它们分别以在深圳证券交易所上市的全部股票、全部 A 股、全部 B 股为样本股，以 1991 年 4 月 3 日为综合指数和 A 股指数的基期，1992 年 2 月 28 日为 B 股指数的基期，基期指数定为 100，以指数股计算日股份数为权数进行加权平均计算

续表

类别	名称	含义
分类指数	\	深证分类指数包括农林牧渔指数、采掘业指数、制造业指数、水电煤气指数、建筑业指数、运输仓储指数、信息技术指数、批发零售指数、金融保险指数、房地产指数、社会服务指数、传播文化指数、综企类指数，共13类。其中，制造业指数又分为食品饮料指数、纺织服装指数、木材家具指数、造纸印刷指数、石化塑胶指数、电子指数、金属非金属指数、机械设备指数、医药生物指数9类。深证分类指数以1991年4月3日为基期，基期指数设为1000点，起始计算日为2001年7月2日

NO.012 中证指数系列

中证指数有限公司由上海证券交易所和深圳证券交易所共同出资成立，是一家从事指数编制、运营和服务的专业性公司。中证指数有限公司依托沪深证券交易所的市场、信息、技术及服务等资源优势，实行市场化运作，本着科学、客观、公正、透明的原则，在沪深300指数的基础上，为股指期货等金融衍生工具提供的指数，为投资者提供标尺指数和投资基准，并将陆续开发适应中国证券市场发展需求，有利于金融创新的中证指数系列。具体如下所示。

- **中证流通指数：**中证指数有限公司于2006年2月27日正式发布中证流通指数。中证流通指数以2005年12月30日为基日，以该日所有样本股票的调整市值为基期，基点为1000点。
- **沪深300指数：**为反映国内的证券市场股票价格变动的概貌和运行状况，并能够作为投资业绩的评价标准，为指数化投资及指数衍生产品创新提供基础条件，中证指数公司编制并发布了沪深300指数，该指数由上海和深圳证券市场中市值大、流动性好的300只股票组成。

◆ **中证规模指数**：中证规模指数包括中证 100 指数、中证 200 指数、中证 500 指数、中证 700 指数和中证 800 指数。中证指数公司于 2006 年 5 月 29 日发布中证 100 指数，该指数以沪深 300 指数样本股作为样本空间，样本数量为 100，选样方法是根据总市值对样本空间内股票进行排名，原则上挑选排名前 100 名的股票组成样本，但经专家委员会认定不宜作为样本的股票除外。指数以 2005 年 12 月 30 日为基日，基点为 1000 点。

NO.013 纳斯达克指数

纳斯达克（NASDAQ，National Association of Securities Dealers Automated Quotations）又称纳指、美国科技指数，是美国全国证券交易商协会于 1968 年着手创建的自动报价系统的简称。

纳斯达克综合指数是反映纳斯达克证券市场行情变化的股票价格平均指数，基本指数为 100。纳斯达克的上市公司涵盖所有新技术行业，包括软件和计算机、电信、生物技术、零售和批发贸易等。

NO.014 股市常见的其他指数

除了上海、深圳之外，在股市中还会看到香港和台湾的主要股价指数。事实上，与沪深股市相比较而言，香港股市和台湾股市的发展较为成熟，他们在运作和管理方面积累了丰富的经验，并且融合了一些欧美资本主义股市的运作模式。因此，香港和台湾的主要股价指数对股民来说是具有重大参考价值的。

香港和台湾的股价指数有很多，下面选择其中 5 个主要股价指数进行介绍，具体如图 1-9 所示。

恒生指数

恒生指数是由香港恒生银行于 1969 年 11 月 24 日起编制公布的，它是系统反映香港股票市场行情变动最有代表性和影响最大的指数。它挑选了 33 种有代表性的上市股票为成份股，用加权平均算法计算。这 33 种成份股包括金融业、公用事业、地产业以及其他工商业。这些股票分布在香港主要行业，都是最具代表性和实力雄厚的大公司。

恒生综合指数系列

恒生银行于 2001 年 10 月 3 日推出恒生综合指数系列，恒生综合指数包括 200 家市值最大的上市公司，并分为两个独立指数系列，即地域指数系列和行业指数系列。

恒生流通综合指数系列

恒生流通综合指数系列于 2002 年 9 月 23 日推出，以恒生综合指数系列为编制基础，与恒生综合指数相同，有 200 只成份股，并对成份股流通量作出调整。在指数编制过程中，整个指数系列均经过流通量市值及市值比重上限调整。

恒生流通精选指数系列

恒生流通精选指数系列于 2003 年 1 月 20 日推出。恒生流通精选指数系列由“恒生 50”、“恒生香港 25”和“恒生中国内地 25”组成，这 3 个指数分别为“恒生流通综合指数”、“恒生香港流通指数”和“恒生中国内地流通指数”属下的分组指数。

台湾加权股价指数

台湾加权股价指数是由台湾证券交易所编制的股价指数，该指数能够有效地呈现台湾的经济走向，是目前台湾证券交易所发布的指数中最具代表性的指数。它是以上市股票的市值当作权数来计算股价指数，采样样本为所有挂牌交易中的普通股。发行量加权股价指数的特色是股本较大的股票对指数的影响会大于股本小的股票。

图 1-9 股市常见的股价指数

1.4 有关炒股的法律知识

股市投资的高收益吸引了众多的投资者扎堆入市，需要注意的是，炒股虽然是一项合法的投资活动，但是如果不了解相关法律法规，盲目操作，很有可能让自己陷入违法操作的怪圈，情况严重时还会触犯刑法。了解相关法律知识除了防范自己违规操作外，更重要的是，如果在炒股的过程中自己的合法权益受到损害时要懂得拿起法律武器来保护自己。

NO.015 《证券法》规范股票操作

为了规范证券发行和交易行为，保护投资者的合法权益，维护社会经济秩序和社会公共利益，促进社会主义市场经济的发展，制定了《证券法》。

《证券法》对于证券的发行、交易、上市公司收购以及证券交易场所等都做了明确的规定。下面我们将对证券上市和持续信息公开进行介绍。

《证券法》对股票上市做出了明确规定，股份有限公司申请股票上市需要符合如下条件。

- 股票经国务院证券监督管理机构核准已公开发行。
- 公司股本总额不少于人民币三千万元。
- 公开发行的股份达到公司股份总数的25%以上；公司股本总额超过人民币四亿元的，公开发行股份的比例为10%以上。
- 公司最近三年无重大违法行为，财务会计报告无虚假记载。

另外，证券交易所可以规定高于前款规定的上市条件，并报国务院证券监督管理机构批准。

有些上市公司为了掩盖其财务状况恶化的事实，谋求新股发行、配股，或者避免其股票暂停或终止交易，给自己带来损失，不惜使用假数据，进行虚假信息披露，欺骗广大股民。因此，《证券法》对持续信息做出了明确规定，并加强对上市公司的监督力度。

《证券法》对持续信息公开的规定主要在两个方面，具体如图1–10所示。

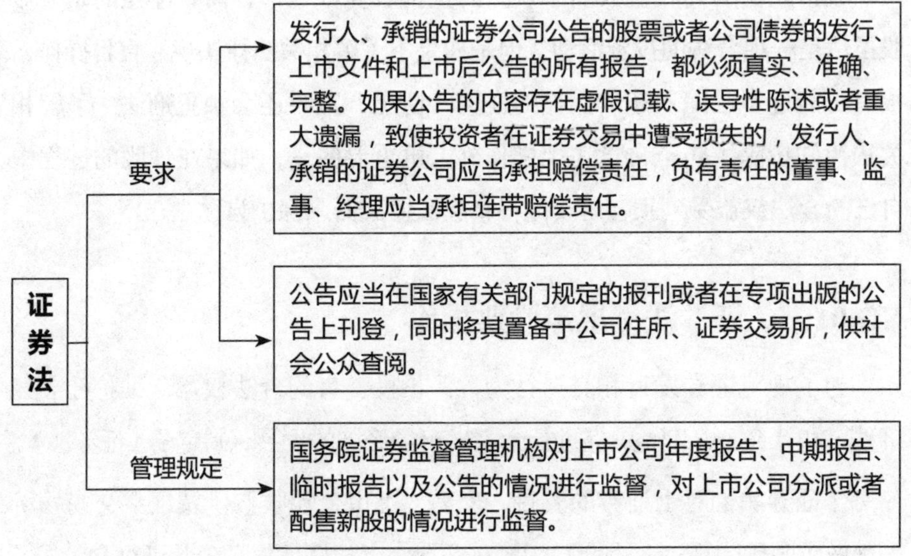

图1-10 《证券法》规定内容

NO.016 《证券市场禁入规定》维护证券市场稳定

为了维护证券市场秩序，保障证券市场健康稳定的发展，制定了《证券市场禁入规定》。证券市场禁入实际上指的是对那些违反法律、法规或者中国证券监督委员会有关规定，情况严重的有关责任人，证监会依法采取的禁止其在一定期限内或终身不得担任上市公司董事、监事、高级管理人员或者从事证券业务的一种监督管理措施。

《证券市场禁入规定》的禁入规定是针对特定人群的，具体范围如图1–11所示。

禁入范围

- 发行人、上市公司、非上市公众公司的董事、监事、高级管理人员，其他信息披露义务人或者其他信息披露义务人的董事、监事、高级管理人员。
- 发行人、上市公司、非上市公众公司的控股股东、实际控制人，或者发行人、上市公司、非上市公众公司控股股东、实际控制人的董事、监事、高级管理人员。
- 证券公司的董事、监事、高级管理人员及其内设业务部门负责人、分支机构负责人或者其他证券从业人员。
- 证券公司的控股股东、实际控制人或者证券公司控股股东、实际控制人的董事、监事、高级管理人员。
- 证券服务机构的董事、监事、高级管理人员等从事证券服务业务的人员和证券服务机构的实际控制人或者证券服务机构实际控制人的董事、监事、高级管理人员。
- 证券投资基金管理人、证券投资基金托管人的董事、监事、高级管理人员及其内设业务部门、分支机构负责人或者其他证券投资基金从业人员。
- 中国证监会认定的其他违反法律、行政法规或者中国证监会有关规定的有关责任人。

图 1-11 市场禁入范围

图中人员违反法律、行政法规或者中国证监会有关规定，情节严重的，中国证监会可以根据情节严重的程度，采取证券市场禁入措施。

NO.017 《中华人民共和国刑法》中的证券犯罪惩罚

证券犯罪指的是投资活动参与人在证券交易活动中出现的犯罪行为，

它是一种特殊的金融犯罪。对此，整理《中华人民共和国刑法》有关规定的节选，具体如图 1–12 所示。

欺诈发行股票、债券罪

第一百六十条 在招股说明书、认股书、公司、企业债券募集办法中隐瞒重要事实或者编造重大虚假内容，发行股票或者公司、企业债券，数额巨大、后果严重或者有其他严重情节的，处5年以下有期徒刑或者拘役，并处或者单处非法募集资金金额1%以上5%以下罚金。

违规披露、不披露重要信息罪

第一百六十一条 依法负有信息披露义务的公司、企业向股东和社会公众提供虚假的或者隐瞒重要事实的财务会计报告，或者依法应当披露的其他重要信息不按照规定披露，严重损害股东或者其他人利益的，对其直接负责的主管人员和其他直接责任人员，处3年以下有期徒刑或者拘役，并处或者单处2万元以上20万元以下罚金。

内幕交易、泄露内幕信息罪

第一百八十条 从事内幕交易或者泄露内幕信息情节严重的，处5年以下有期徒刑或者拘役，并处或者单处违法所得1倍以上5倍以下罚金；情节特别严重的，处5年以上10年以下有期徒刑，并处违法所得1倍以上5倍以下罚金。对于单位犯本罪的，除对单位判处罚金外，对于其直接负责的主管人员和其他直接责任人员，处5年以下有期徒刑或者拘役。

编造并传播影响证券交易虚假信息罪、诱骗他人买卖证券罪

第一百八十一条 编造并且传播影响证券、期货交易的虚假信息，扰乱证券、期货交易市场，造成严重后果的，处5年以下有期徒刑或者拘役，并处或者单处1万元以上10万元以下的罚金。

图 1-12 《中华人民共和国刑法》有关规定的节选

第2章

新股民需知的炒股交易流程

清楚了股票基础知识之后，新股民最关心的莫过于如何入市，进行实际的炒股操作，在股市中大显身手。本章将详细介绍新股民入市的开户、委托以及交易等问题。

NO.018 清楚股票买卖流程
NO.019 证券账户和资金账户
NO.020 提前准备相关资料
NO.021 选择适合的证券公司
NO.022 个人办理开设开户
NO.023 委托的内容包括些什么
…………

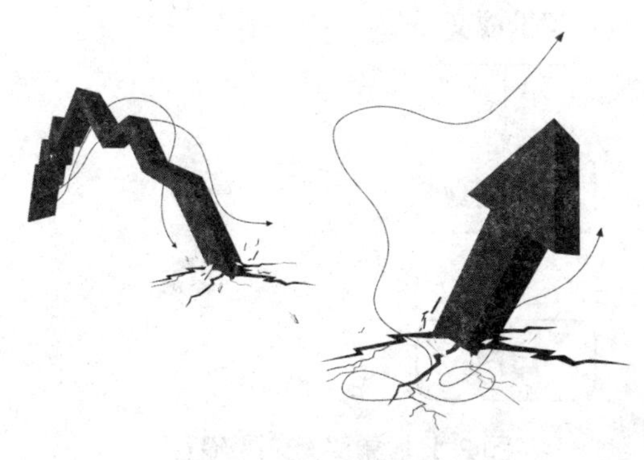

2.1 新股民开设账户

股市淘金的股民都需要开设一个自己的账户用于股票交易。对于新股民而言，很多时候会认为股市开户麻烦又烦琐，实际不然，只要清楚流程，准备好相关资料，就可以轻松拥有一个自己的股市账户了。

NO.018 清楚股票买卖流程

开设账户并不是简单意义上的到柜台办理开设即可，新股民需要对股票买卖流程有一个大致的了解，才知道自己开设的账户在股市交易中具体有什么作用，在哪些地方需要用到自己的账户。股票买卖交易流程如图 2-1 所示。

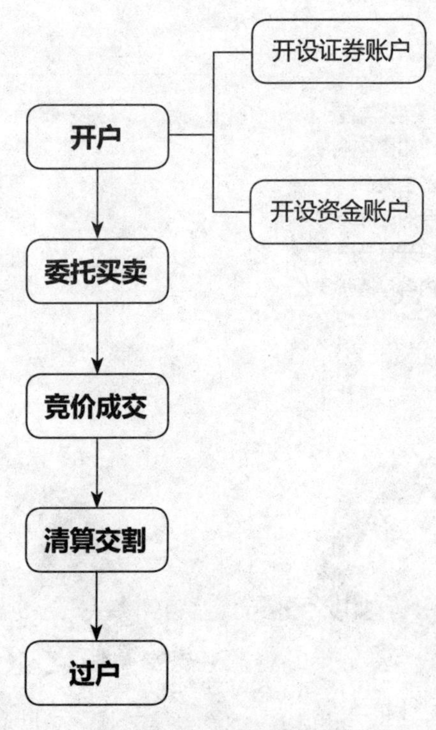

图 2-1 股票买卖交易流程

NO.019 证券账户和资金账户

从股票交易流程图中可以看到，股民开设的账户有两个，分别是证券账户和资金账户。证券账户是指证券登记结算机构为投资者设立的，用于准确记载投资者所持的证券种类、名称、数量及相应权益和变动情况的账册，是认定股东身份的重要凭证，具有证明股东身份的法律效力，同时也是投资者进行证券交易的先决条件。资金账户为股民进行证券交易的账户，是投资者在证券公司开立的用于证券公司和银行之间进行资金流转的账户。

根据第一开户网的类别可以对证券账户进行分类，具体如图 2-2 所示。

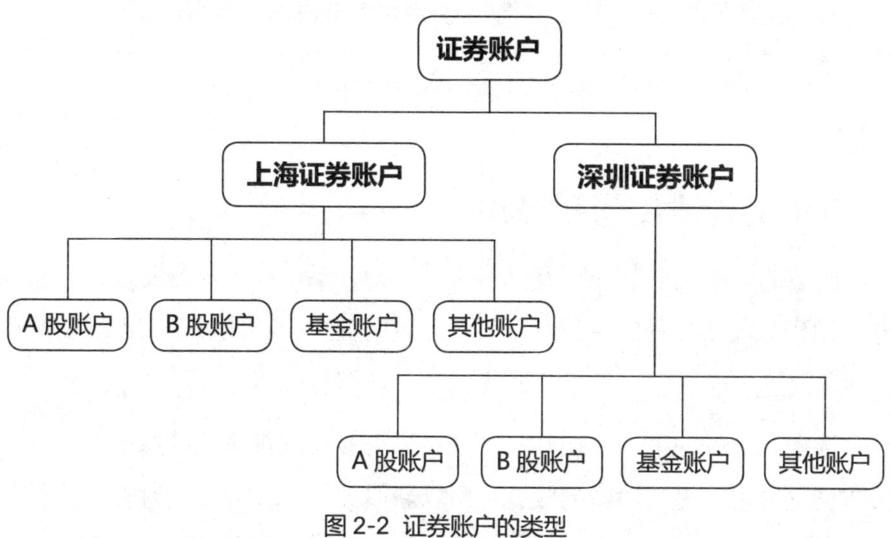

图 2-2 证券账户的类型

其中，A 股账户仅限于国家法律法规和行政规章允许买卖 A 股的境内投资者开立。A 股账户按持有人分为自然人证券账户、一般机构证券账户、证券公司和基金管理公司等机构证券账户。B 股账户按持有人分为境内个人投资者证券账户、境外投资者证券账户。

需要注意的是，一个自然人、法人可以开立不同类别和用途的证券账户，同一主体可以开立多个证券账户。

NO.020 提前准备相关资料

为了确保开户的顺利进行，股民需要提前准备好开户需要的相关资料。开户分为个人开户和法人机构开户两种情况，如图 2–3 所示。

① 个人投资者需要本人亲往办理，提供本人身份证、证券账户卡原件及其复印件；若是通过代理人办理，还需与委托人同时临柜签署《授权委托书》并提供代理人的身份证原件和复印件。

② 法人机构开户应提供法人营业执照及复印件；法定代表人证明书；证券账户卡原件及复印件；法人授权委托书和被授权人身份证原件及复印件；单位预留印鉴。B 股开户还需提供境外商业登记证书及董事证明文件。

图 2-3 证券开户的两种情况

NO.021 选择适合的证券公司

股票的买卖交易是在证券交易所进行的，所以股民还需要选择一家证券公司作为股票交易的经纪商，给付一定的佣金让其代理个人办理交割、清算以及过户等手续。

选择一个好的证券公司开户不仅可以为股民提供优质的服务，还可以节省交易成本，提高股民的收益，所以新股民选择证券公司时要慎重。新股民在选择证券公司时可以从多个角度来对其进行考察，具体如下所示。

- **证券公司的规模**：证券公司的规模情况是一个重要考察点。通常规模越大的证券公司，服务越专业，操作越正规。证券公司的规模大小可以从该证券公司营业点的多少、员工的人数情况来判断，如果是上市公司，可以从股本的规模指标来对其进行一个大致判断。
- **对客户的态度**：证券公司对客户的态度实际上是对客户重视程度的体现，如果证券公司忽略客户感受，不主动提供后续服务，也不主动联系客户，那么这类证券公司基本上可以不用去考虑了。新股民可以通过与证券公司的投资顾问团队或者经纪团队多次交流感受其态度，从而对其进行大致判断。

- **佣金点的高低**：每个股民都希望以低的佣金来降低股票交易成本，提高自己的投资收益，因此佣金点是大部分股民选择证券公司的重要考量因素。
- **业务品种**：大型证券公司规模较大，资质多，所以受理的业务范围广，例如特别转让、创业板、融资融券以及股指期货等，比较方便。
- **交易速度**：虽然有的小型证券公司佣金费用较低，但是交易系统却不稳定，影响资金流转，所以可以选择一些交易速度快的，操作系统稳定的证券公司。

NO.022 个人办理开设账户

新股民在做好上述的准备工作之后就可以开始设立账户了。办理的过程非常简单，具体流程如图 2-4 所示。

①携带身份证原件和复印件到最近的证券营业部。

②在柜台填写开户资料，并签订合同，包括《证券买卖合同》和《制定交易协议书》。

③证券营业部为新股民开设证券账户。

④携带证券账户、银行卡和身份证到银行办理银行卡。

⑤填写信息和签订协议《证券委托交易协议书》和《银券委托协议书》。

⑥信息审核无误后设置密码。

图 2-4 个人办理账户开设流程

2.2 下达委托买卖指令

股票的买卖需要经过委托来完成，委托买卖股票又被称为代理买卖股票，是专营经纪人或兼营自营与经纪的证券商接受股民买进或卖出股票的委托，依照买卖双方各自提出的条件，代其买卖股票的交易活动。代理买卖的经纪人也就是股票买卖双方的中间人。

NO.023 委托的内容包括些什么

股票买卖委托的内容通常分为基本委托、查单和撤单委托。基本委托指的是一些基本的股票买卖委托，具体内容如下所示。

- 股东的姓名。
- 股东资金卡号。
- 股票的买入或者卖出操作委托。
- 股票的名称和代码。
- 指定股票的买卖数量。

股民下达买卖股票的委托指令后，在当日如果不知道是否成交，可以按照委托单的合同号进行查询。如果发现买卖委托没有及时成交，或有一部分没有成交，想取消委托指令时，可以进行撤单委托，撤单不需要手续费。股民如果对没有成交的委托单不想撤销，也可以持单在盘内，所持的委托申报当日有效，第二天自动作废。

NO.024 了解委托的多种方式

股票买卖的委托方式并不单一，股民可以通过各种各样的方式对经纪人进行委托，常见的形式有 5 种，如表 2-1 所示。

表 2-1　委托的方式

方式	内容
当面委托	当面委托是股民到证券商的营业部，当面办理委托手续，提出委托买卖有价证券的要求。这是一种传统的委托方式，具有稳定可靠的特点，中小额投资者通常采用这种方式。但对远距离客户和时间观念强的股民则不方便
电话委托	是股民使用电话等电讯手段，通知证券商的营业部，由营业员按电话内容填制委托书，据以办理委托业务。这种方式具有方便、分散和保密的特点，大数额的投资者通常采用这种方式
传真委托	委托人以传真的形式，将确定的委托内容与要求传真给证券商，委托他们代理买卖股票交易
信函委托	委托人用信函形式，将确定的委托内容和要求告知证券商，并委托他们代办买卖股票的交易
网上委托	指投资者在证券营业部大厅的电脑或个人电脑上亲自输入买进或卖出的股票代码、数量和价格等信息，然后由电脑自动执行委托

2.3 股票的交易全过程

所有的股票入市交易都需要经历竞价、清算、交割和过户4个步骤。新股民清楚了解每一个步骤的内容，才能够在股市中自由操作。

NO.025 股票在股市中的多种交易方式

股票交易的方式指的是股票买卖的方法和形式，它是股票交易中的基本环节。因为股票市场的不断发展，市面上的交易方式也多种多样，依照不同的角度可以对其进行划分，具体如表 2-2 所示。

表 2-2　股票交易方式

划分方式	内容
按买卖双方确定价格的方式划分	根据股票买卖双方确定价格方式的不同，可以分为议价买卖和竞价买卖。议价买卖是一种比较传统的交易方式，指买方和卖方一对一地面谈，双方通过讨价还价达成交易。它是市场上最常用的交易方式，主要是在交易证券的数量少、需要保密或是为了节省佣金额情况下使用。竞价买卖指买卖双方都由若干人组成，公开进行的 “双向竞争” 交易。即这交易不仅是买卖双方之间出价的竞争，而是在众多的买者和卖者之间也存在着激烈的竞争，最后在买方出价最高者与卖方要价最低者之间完成交易的交易方式。由于双向竞争，使得买方可以自由选择卖方，反之亦然，交易比较公平
按交易达成的方式划分	按照买卖双方交易达成的方式进行划分，可以分为直接交易和间接交易。前者是指买卖双方直接洽谈，票券亦由买卖双方自行结算交割的交易方式；后者是指买卖双方自行清算交割的交易方式；后者是指买卖双方不直接见面，而是委托中介进行股票买卖的方式来交易
按交割期限的不同进行划分	按照交割期限不同，可分为现货交易和期货交易。现货交易指的是股票买卖成交之后，马上办理交割清算手续，当场钱货两清；期货交易则是在股票成交之后按照合同中规定的价格、数量，过若干时期再进行交割清算的交易方式

NO.026 如何理解集合竞价

在上海证券交易所和深圳证券交易所中产生股票价格的方式有两种，一种是在开盘时的集合竞价，另一种是在开盘之后的连续竞价。

集合竞价是将数笔委托报价或一时段内的全部委托报价集中在一起，根据不高于申买价格和不低于申卖价格的原则生成的一个成交价格，在竞价过程中，通过一次次的对委托买入价格和委托卖出价格进行配对，并将最后一次配对的成交价格确定为当日的开盘价。如果最后一次的委托买入价格和委托卖出价格不同，其成交价就为两者的平均值。

实例分析

通过集合竞价确定开盘

假设股票 A 在开盘前分别有 5 笔买入委托和 4 笔卖出委托，依照价格优先原则，将买入价格从高到低和卖出价格从低到高的顺序进行排列，如表 2–3 所示。

表 2-3　委托买入价和卖出价

序号	委托买入价	数量（手）	序号	委托卖出价	数量（手）
1	4.50	2	1	4.20	3
2	4.44	3	2	4.38	7
3	4.38	7	3	4.40	5
4	4.33	5	4	4.42	2
5	4.29	3			

按照不高于申买价和不低于申卖价的原则，首先可成交第 1 笔序号为 1 的 2 委托买入，即 4.50 元的买入委托和 4.20 元的卖出委托。如果要同时满足申买者和申卖者的意愿，那么成交价必须在 4.20 元和 4.50 元之间 ，但具体的价格要根据之后的成交价格来定，这笔委托成交之后其他委托排序如表 2–4 所示。

表 2-4　委托买入价和卖出价

序号	委托买入价	数量（手）	序号	委托卖出价	数量（手）
			1	4.20	1
2	4.44	3	2	4.38	7

续表

序号	委托买入价	数量（手）	序号	委托卖出价	数量（手）
3	4.38	7	3	4.40	5
4	4.33	5	4	4.42	2
5	4.29	3			

在第 1 次的交易中，因为卖出委托的数量多于买入委托，所以按照交易规则，序号 1 的买入委托 2 手全部成交，序号 1 的卖出委托还剩下 3 手。

第 2 笔成交情况：序号 2 的买入委托价格 4.44 元，符合不高于 4.50 元的要求，数量为 3 手。在卖出委托中，序号 1~2 的委托数量有 8 手，其价格也符合要求，可以成交。第 2 笔委托成交之后的委托排序如表 2–5 所示。

表 2–5　委托买入价和卖出价

序号	委托买入价	数量（手）	序号	委托卖出价	数量（手）
			2	4.38	5
3	4.38	7	3	4.40	5
4	4.33	5	4	4.42	2
5	4.29	3			

第 3 笔成交情况：序号 3 的委托买入价格为 4.38 元，数量为 7 手。在卖出委托中，序号 2 的卖出价为 4.38 元，数量为 5 手，序号 3~4 的委托卖出价格高于买入价格，只能成交 5 手。第 3 笔成交后的委托排序如表 2–6 所示。

表 2–6　委托买入价和卖出价

序号	委托买入价	数量（手）	序号	委托卖出价	数量（手）
3	4.38	2	3	4.40	5
4	4.33	5	4	4.42	2
5	4.29	3			

完成以上3笔委托交易之后，因为最高买入价为4.38元，最低卖出价为4.40元，买入价与卖出价之间没有没有相交区间，所以最后一次的集合竞价就完成了，最后一笔的成交价为集合竞价的平均价格，余下的其他委托将自动进入开盘后的连续竞价。

在这次的集合竞价中，3笔委托一共成交了10手，成交价格为4.38元，按照规定，这次成交不管是买入还是卖出，其成交的价格都定为4.38元，交易所发布股票A的开盘价为4.38元。

NO.027 如何理解连续竞价

连续竞价指的是对申报的每一笔买卖委托，由电脑交易系统按照委托买入价与委托卖出价之间的关系生成成交价，具体介绍如下。

- 最高买入申报价与最低卖出申报价相同时，以该价格作为成交价。
- 买入申报价高于即时揭示的最低卖出申报价时，以即时揭示的最低卖出申报价为成交价格。
- 卖出申报价格低于即时揭示的最高买入申报价时，以即时揭示的最高买入申报价格为成交价格。

可以看出，连续竞价的成交方式与集合竞价有很大的区别，连续竞价遵循“价格优先，时间优先”的基本原则，一对一地成交。

NO.028 股票的清算与交割

股票的清算指的是股票买卖双方在股票买卖成交之后，证券交易所对证券公司买卖的股票数量进行计算统计的过程。其中的差额由证券商确认后，在事先约定的时间内进行证券和价款的收付了结。

在股票清算之后就是股票的交割过程，简单来说就是办理交割手续。这个过程反映了投资者证券买卖的最终结果，是维护证券买卖双方正当权益，确保证券交易顺利进行的必要手段。

一般所说的清算交割分两个部分：一部分指证券商与交易所之间的清算交割；另一部分是指证券商与投资者之间的清算交割，双方在规定的时间内进行价款与证券的交收确认的过程，即买入方付出价款，得到证券，卖出方付出证券，获得价款。

NO.029 股票过户交易结束

股票交易在完成清算和交割之后并没有真正的结束，只是表面上将股票从股票卖方手中转给股票买方，简单来说就是，只将股票的拥有权进行了转让，但是原股东的姓名以及持股情况的相关信息和记录仍然在股份公司的股东名册上。此时，新股东的权利是不被股份公司所承认的。因此，只有完成了股票过户才真正意义上结束了股票交易。

股票过户指客户买进记名股票后到该记名股票上市公司办理变更股东名簿记载的行为。股票过户以后，现股票的持有人就成为该记名股票上市公司的股东，并享有股东权。不记名股票可以自由转让，记名股票的转让必须办理过户手续。在证券市场上流通的股票基本上都是记名股票，都需要办理过户手续才能生效。

2.4 股票交易需遵循的原则与制度

股票的交易需要经过委托、竞价、清算、交割以及过户多个程序才能完成，其中各个环节都有相关的制度和规定。股民想要进行股票交易，就必须熟悉这些制度，避免在后期的交易过程中因为委托单不符合规定而无法成交，错过良好的投资时机。

NO.030 股票成交原则

股票的成交原则在股票的买入卖出中比较常见，股民需要注意的是在股票成交原则中的一些优先原则，了解这些原则可以使我们的炒股操作更加顺畅。股票的成交原则有 3 个，如图 2–5 所示。

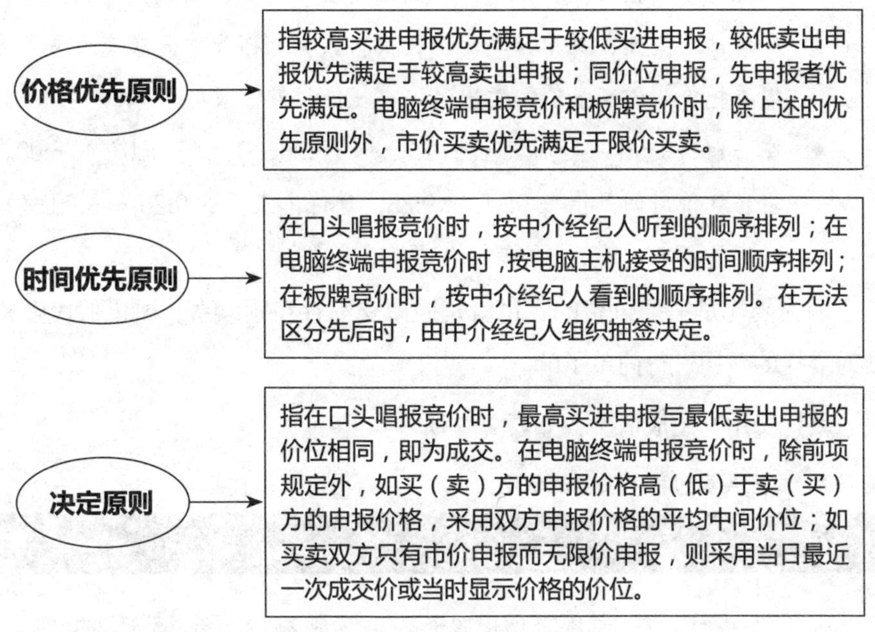

图 2-5 股票成交原则

NO.031 股票买卖委托原则

既然在股票交易过程中，我们并不是直接买卖，而是提交委托单交给经纪人打理，那么其中就涉及股票买卖委托原则，股民对其了解后才能在股市中应用自如。

◆ 购买股票以手为单位，1 手 =100 股，即最少需要满足购买股票不少于 100 股的资金。当购买的股票超过 100 股时，必须是 100 股的整数倍。

◆ 当天买入的股票要第二个交易日才能够卖出（T+1），当天卖出股票后的钱，当天就可以买股。

◆ 在正常交易的过程中，当买单与卖单价格已匹配时，应该首先以时间优先原则，再是价格数量优先原则。即先委托先成交，然后是同一时间的委托，买单与卖单委托价格数量相匹配的先成交。买入时以委托价为最高限价，卖出时以委托价为最低限价。

◆ 交易时间是周一至周五上午 9:30 ~ 13:30，下午 13:00 ~ 15:00。集合竞价时间是上午 9:15 ~ 9:25，竞价出来后的 9:25 ~ 9:30 这段时间是不可撤单的（节假日休市）。

因为委托是需要付费的，也就是股票交易存在手续费，所以股民还需要对委托的费用进行简单了解。

委托费用的组成情况，如表 2-7 所示。

表 2-7　委托买卖过程中涉及的费用

名称	内容
印花税	印花税为成交金额的 1‰，投资者在买卖成交后支付给财税部门的税收。从 2008 年 9 月 19 日开始，印花税由向双边征收改为向出让方单边征收，受让者不再缴纳印花税。此税收由券商代扣后由交易所统一代缴。
过户费	是指股票成交后，更换户名所需支付的费用。根据中国登记结算公司的发文《关于调整 A 股交易过户费收费标准有关事项的通知》，从 2015 年 8 月 1 日起已经更改为上海和深圳都进行收取，此费用按成交金额的 0.02‰收取
券商交易佣金	最高不超过成交金额的 3‰，最低 5 元起，单笔交易佣金不满 5 元的按 5 元收取

除了上述的费用之外，有的地方还会单独收取委托费，主要是用于支付通讯等方面的开支，一般是按笔计算。

当然这些费用的价格并不是一成不变的，一般情况下，券商对大资金量、大交易量的股民会给予降低佣金率的优惠。所以，如果股民涉及股票交易的资金量大、交易频繁时可以自己和券商商量，确定合理价格。除此之外，券商还会根据交易方式的不同提供不同的佣金率。

NO.032 证券清算交割原则

目前我国证券清算交割业务主要遵循两大基本原则，即货银对付原则和净额清算原则。

（1）货银对付原则

货银对付俗称钱货两清，指的是证券登记结算机构与结算参与人在交收过程中，付资金购买股票时给予股票，卖股票时及时收取资金，也就是一手给钱，一手给货。根据银货对付原则，一旦结算参与人未能履行对结算机构的资金交收义务，登记结算机构就可以暂不向其交付其买入的证券，反之亦然。货银对付通过资金和证券的同时划转，可以有效规避结算参与人交收违约带来的风险，大大提高证券交易的安全性。货银对付已经成为各国证券市场普遍遵循的原则。

（2）净额清算原则

净额清算又称差额清算，指的是在一个清算期中，对每个结算参与人价款的清算只计其各笔应收、应付款项相抵后的净额。净额清算又分为双边净额清算和多边净额清算。

双边净额清算指将结算参与人相对另一个交收对手方的证券和资金的应收、应付额加以轧抵，得出结算参与人相对于另一个交收对手方的证券和资金的应收、应付的净额。多边净额清算是指将结算参与人所有达成交易的应收、应付证券或资金以充轧抵差，计算出该结算参与人相对于所有交易对手方累计的应收、应付的证券或资金的净额。将结算参与人对应的所有双边净额清算结果加以累计，可以得出给净额结算参与人的多边净额结算结果；在引入共同对手方的情况下，计算该结算参与人相对于共同对手方的双边净额清算结果也相当于实现了多边净额清算。

净额清算方式可以简化操作手续，减少资金在交收环节的占用。注意，在实行滚动交收的情况下，清算价款时，同一清算期内发生的不同种类证券的买卖价款可以合并计算，但不同清算期内发生的价款不能合并清算；清算证券时，只有在同一清算期内且同种证券才能合并计算。

NO.033 涨跌停板制度

涨跌停板制度是指在证券市场中，为了防止交易价格剧烈波动，维护证券市场稳定，抑制过度投机现象，对每只证券当天价格涨跌幅度给予一定限制的一种交易。所以证券交易所在公开竞价时依法对当天证券市场价格的涨、跌幅予以适当的限制，除了上市首日以及 ST 股外，股票的交易价格相对于前一个交易日的收盘价，涨跌幅度不得超过 10%，ST 股涨跌幅不得超过 5%。

这种涨跌到一定程度就不能再涨跌的现象称为停板，当天股票价格最高限度称为涨停板，当天股票价格最低限度称为跌停板。涨跌停价的计算公式如下：

涨停价 = 昨日收盘价 + 昨日收盘价 × 10%

跌停价 = 昨日收盘价 − 昨日收盘价 × 10%

对于超过涨跌限制的委托为无效委托，即涨停无卖盘，跌停无买盘，如图 2-6 所示为 2019 年 3 月 4 日早盘尚品宅配（300616）涨停和 ST 银河（000806）跌停的盘口效果

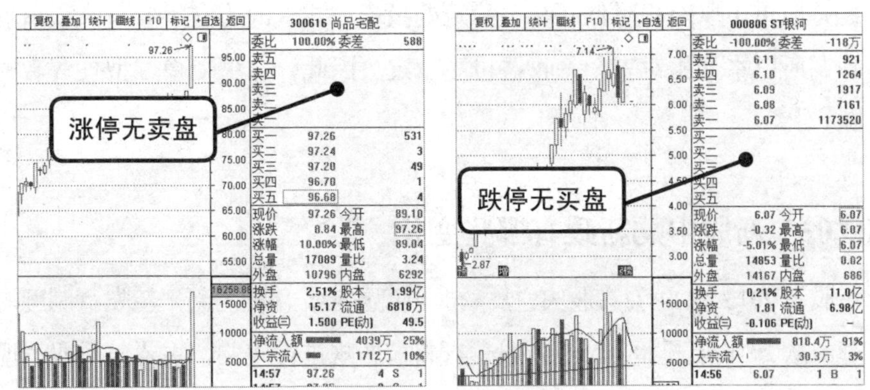

图 2-6 股票涨跌停盘口效果

NO.034 “T+1”制度

在股市交易过程中我们常常会听到“T+0”“T+1”，但是很多人并不了解其中的意思。实际上 T 是英文 Trade 的首字母，是交易的意思，而数字表示的是时间，“T+0”指的是当天交易、“T+1”指的是当日买进的股票需要等到下一个交易日才能够卖出。我国上海证券交易所和深圳证券交易所对股票使用的是“T+1”的交易制度。

“T+1”制度是为了股票市场的稳定，防止过度投机而实行的。当天买入的股票不能当天卖出，这一规定延长了投资时间，在一定程度上避免了投机行为。因此，每一个股民在购买股票时需要更加慎重，也使股民投资更理性。

2.5 另辟蹊径申购新股

新股是指企业通过证券交易所首次公开向投资者发行的股票。新股申购是股市中风险相对低而收益稳定的投资方式，因为它不参与二级市场炒作，所以本金相对安全，收益也更稳定。因此，它更受稳健型投资者的青睐。

NO.035 新股申购新政有哪些变化

股市 2015 年 11 月在股灾之后新股再度重启，伴随着新一轮发行制度的改革。从 2016 年开始，A 股新股发行将按新规进行申购，主要包括取消现行新股申购预先缴款制度，改为新股发行采用市值申购的方法，投资者只要有市值就能申购，中签之后才缴款，强调新股申购自主决策、自担风险、自负盈亏，券商不得接受投资者全权委托申购新股，具体的新股申购变化如下。

- 新股申购预先缴款改为中签后再缴款。按照持有股票的市值进行配售，不用预缴款，相当于持有流通市值的股民都有机会申购新股，但是中签率会更低。
- 3次中签不缴款挨罚调整后的规则，增加了“投资者连续 12个月累计3次中签后不缴款,6个月内不能参与新股申购”的惩戒性措施。
- 低风险高收益一去不复返。新政规定，公开发行 2 000 万股以下的小盘股发行，取消询价环节，由发行人和中介机构定价，新股发行完全市场化定价，这意味着即使中签新股，完全有破发可能，新股无风险 12% 收益一去不复返了。

NO.036 新股申购的规则

2016 年之后对于新股的申购制定了新的规则，具体内容如图 2-7 所示。

申购新股的时间与股票交易的时间不同。股票交易时间是上午9:30 ~ 11:30 ,下午13:00 ~ 15:00。申购新股的时间，上海 9:30 ~ 11:30、13:00~15:00，深圳 9:15 ~ 11:30、13:00 ~ 15:00。

撤单

股票交易在委托后只要未成交都可以撤单，但是申购新股的委托是不可以撤单的，并且客户只有第一次下单才有效果（按照发行价买入）。

每个账户对单个新股只能申购 1 次，不能重复申购。每只新股都有“申购上限”，包括数量上限和资金上限。客户同一个证券账户多处托管的，其市值合并计算。客户持有多个证券账户的，多个证券账户的市值合并计算。融资融券客户信用证券账户的市值合并计算。上交所规定每持有 1 万元市值可申购 1 000 股，深交所规定每持有 5 000 元市值可申购 500 股。

中签号

中签公布的时间为 T+2，例如在 3 月 4 日申购，那么在 3 月 6 日晚上就可以通过证券账户查询自己的申购情况，如果中签，那么在持仓中就可以看到中签的股票和数量，如果没中签，持仓中冻结的申购份额就消失了。

回款

回款的时间是 T+3, 例如 3 月 4 号申购，在 3 月 7 日上午开市之后可以在余额中看到。

图 2-7 新股申购规则

NO.037 新股该如何申购

新政实行之后，新股的申购变得更加简单了，每个股民通过股票交易行情软件就可以轻松操作了。具体操作是：登录证券交易账号，进入软件，选择“新股申购”目录下的“一键申购”选项，此时页面右侧列表展示了当前可以申购的所有新股。选中需要申购的新股股票名称前的复选框，输入对应的申购数量，最后单击“申购”按钮，即可完成申购新股的操作，如图 2-8 所示。

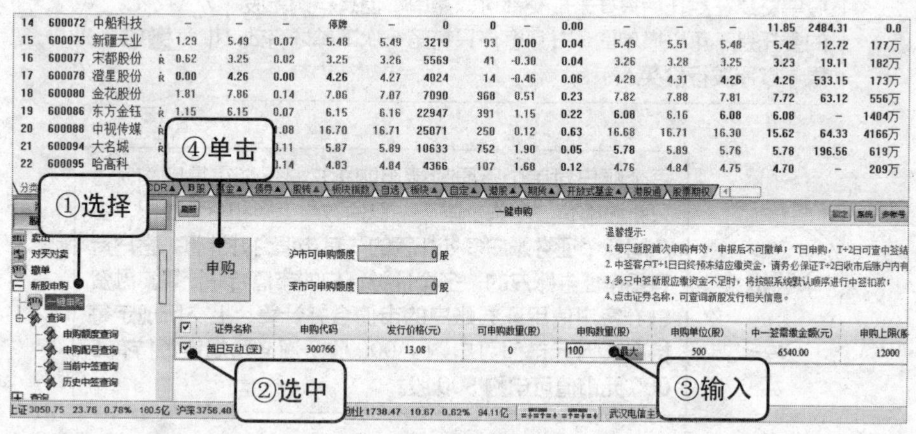

图 2-8 申购新股

股民都想申购新股以获得较好的收益，但是新股申购中签却不是那么容易的。为了能够增大新股申购成功的几率，可尝试从如下几个方面考虑。

- **做好准备重点出击：** 很多投资者打新股很盲目，这种状态下打到新股的概率很小，因为机会总是留给有准备的人的。分析师指出，投资者可以先从网上了解近期新股发行的详细信息，如发行日期、申购代码、网上网下发行数量、发行价、申购上限、市盈率以及该股所属的行业。对同期发行的新股充分了解和比较后，就可以制订打新策略。
- **目标转向冷门股：** 当出现两只以上新股同时上网发行时，应优先考虑冷门股，人少的地方中签的机会可能更高些。
- **找准申购时机：** 最好选择中间时间段来申购，如选择上午 10:00~11:00 和下午 13:30~14:30 之间下单。

2.6 炒股退市的途径

除了股票可能出现退市的情况之外，股民也有可能出现退市不想炒股的情况，所以股民还需要了解退市的多种方式。

NO.038 股票过户给他人

股票过户指股票所有人将股票全部出让给其他人，从而转移股东权利的行为。作为有价证券的股票，可在市场上自由转让流通，公司对此一般不加禁止或限制。股票转让，一般应在公司设立登记后才能进行。尤其对公司发起人认购的权利股，规定只有在公司设立登记一年后才能转让。记名股和无记名股的转让方式又有不同，无记名股为显示股。

股票持有人即为股份所有人，其转让只需交付即可。记名股转让则必须将受让人姓名记载在股票上，由原股票所有人背书后方可转让，并应将受让人姓名、住所记载在公司股东名簿上，否则这一转让不能对抗公司。最常见的转让是股份买卖，其他合法的转让如赠与、继承等也发生同样的法律效力。

NO.039 股票转托管

投资者如果不想在原开户的证券部买卖股票，想换另一家证券部交易，同时又不想卖出持有的股票，可以办理转托管手续。

转托管又称证券转托管，是专门针对深交所上市证券托管转移的一项业务，是指投资者将其托管在某一证券商那里的深交所上市证券转到另一个证券商处托管，是投资者的一种自愿行为。

股民买入的 B 股股份、认购的新股托管在其买入或指定的券商名下，如果B股投资者想变更托管券商，可以办理转托管。转托管有以下两种方法，各有不同的适用对象。

- **交易报盘转托管**：适用于境内券商之间的转托管，程序同A股。
- **二类指令转托管**：用于涉及境外券商的转托管。

办理转托管时，股民需要在B股交易时间内，到原开户的证券部填写"转托管委托书"，填写转托管资料，具体要填写的资料如图2-9所示。

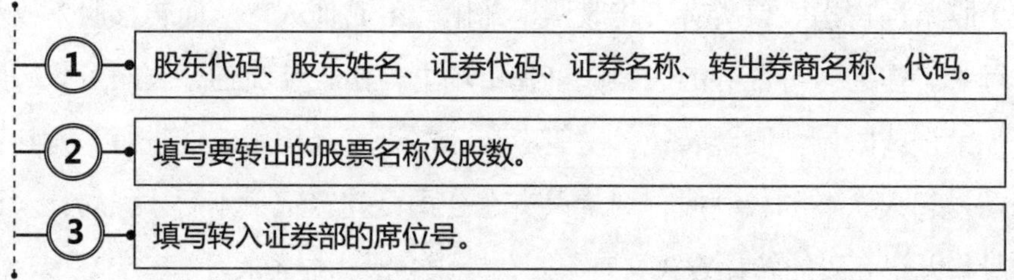

图2-9 转托管资料

在原开户证券部办完手续并确认后，第二天就可以到要转入的证券部查询是否到账并开始交易。

在转托管的过程中还需要注意具体的操作要点，避免转托管失败。

- 深市实行的是T+3交收，所以深市B股投资者想要转托管需要在买入成交的T+3日交收过后才能办理。
- 转托管可以是一只股票或多只股票，也可以是一只股票的部分或全部。投资者可以选择转其中部分股票或同股票中的部分股票。
- 投资者转托管报盘在当天交易时间内允许撤单。
- 转托管证券T+1日（即次一交易日）到账，投资者可在转入券商处委托卖出。
- 投资者的转托管不成功（转出券商接收到转托管未确认数据），投资者应立即向转出券商询问，以便券商及时为投资者向深圳证券结算公司查询原因。

小贴士 *转托管的注意事项*

（1）深圳证券交易所会员证券部席位号为6位数，投资者填写时一定要特别注意转入券商的席位号不要填错；（2）转托管只有深市有，沪市没有；（3）权益派发日转托管的，红股和红利在原托管券商处领取；（4）配股权证不允许转托管；（5）通过交易系统报盘办理B股转托管的业务目前仅适用于境内结算会员；（6）境内个人投资者的股份不允许转托管至境外券商处。

NO.040 股票的销户处理

有的股民不想炒股，或者想换一个证券公司开户就需要进行股票销户处理，因为根据相关规定，一个人最多可以开一个账户，所以一旦我们不想炒股了，最好还是去进行销户处理。股票销户的流程如图2-10所示。

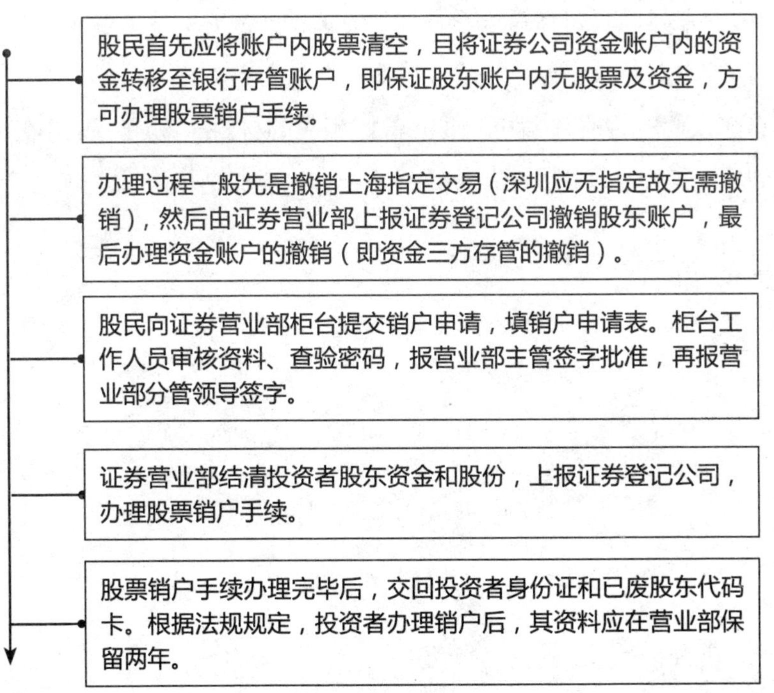

图2-10 股票销户流程

通常情况下，股票销户需要到营业部开户柜办理销户手续。办理销户时需要投资者本人携带证件亲自办理，具体资料包括身份证、沪深证券账户卡和交易卡。如果是法人账户，那么还需要法人授权委托书和经办人身份证。

另外，股市销户还需要注意以下 4 点。

- 销户当天不能有股票交易，但是可以转出资金；去销户之前把可用资金全部转出到银行卡。
- 销户必须在开市时间。
- 销户时有的证券公司很爽快，一次性把所有手续帮用户办理完毕；有的证券公司会说帮你计算利息，要第二天才能撤销第三方存管，让你第二天再去一趟。其实当天可以填撤销第三方存管申请表，留给他们第二天帮我们办理就行了，不需要本人再过去一趟的。
- 如果不需要用回原来开户绑定的银行卡，则不需要办理撤销第三方存管的手续，即不用填撤销第三方存管申请表。

总之，要进行股票销户，要准备好相应的材料、物品。并且在规定的时间到相关部门办理销户手续，这样才能轻松完成销户。

第3章

熟悉工具轻松炒股

在炒股的过程中常常需要借助一些股票行情软件，也就是证券情况决策分析系统。这些行情软件通常提供大盘分析指标、公式、新闻咨询、预警系统、选股系统以及信息实时发布系统等功能，股民熟悉这些炒股工具后，可以使炒股更加得心应手。

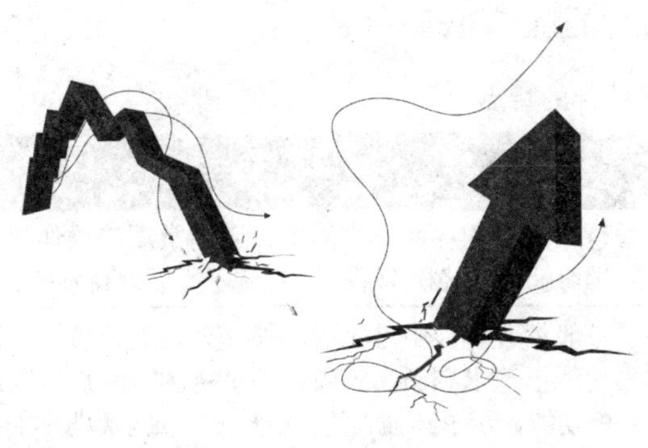

3.1 高人气的四大炒股软件

如今网上炒股是比较便捷、快速的炒股方式，为了方便自己的客户，各大券商也纷纷推出了自己的炒股软件，其中有4个炒股软件是十分受欢迎的，下面一一对其进行介绍。

NO.041 大智慧炒股软件

大智慧股票软件是一套用来进行证券行情显示、行情分析、外汇及期货信息展示的超级证券软件，也是国内领先的互联网金融信息服务提供商，如图3-1所示为大智慧官网首页（http://www.gw.com.cn/）。

图3-1 大智慧官网

大智慧炒股软件的特点如表3-1所示。

表3-1 大智慧炒股软件的特点

特点	内容
操作简单	大智慧软件中的界面非常简单，遵循常规的操作习惯，并不需要过多的学习就可以轻松上手，而且并不需要做特别的维护
功能强大	除了一般炒股软件中常见的功能之外，大智慧软件还在分析功能和选股功能上追求创新、突破，其星空图、散户线以及龙虎看盘等高级分析功能显示了其强大的分析技术，属于炒股软件中独特的功能

续表

特点	内容
讯息专业	大智慧软件中有专业的测评咨询机构支持，其制作的生命历程、信息地雷、大势研判、行业分析、名家荐股以及个股研究在证券市场中都具有广泛的影响力
交流互动	大智慧注重交流互动，除了传统的邀请股票分析师做分享之外，还联系股民，让股民参与其中，切身学习、交流炒股技巧

NO.042 钱龙炒股软件

钱龙是发展时间较长的一款证券软件品牌，也是我国最早的证券分析软件之一，因此钱龙也是股民最熟悉的软件，以至于后来出现的股票软件在界面和操作上都模仿了钱龙。对一些资深股民而言，钱龙甚至可以是炒股的代名词。钱龙更因为其系统安全、稳定可靠以及资讯实时等特点积累了大量的用户量，如图 3-2 所示为钱龙官网首页（http://www.ql18.com.cn/）。

图 3-2 钱龙官网

目前比较受欢迎的是钱龙金典版和钱龙旗舰版，两个版本分别针对不同的客户群体。钱龙金典版主要是针对传统用户，按照传统的使用习惯和功能需求所设计的，其特点在于经典风格的界面、快捷键盘操作模式、行情刷新实时迅捷、分析功能与时俱进，另外，该软件安装程序小巧，下载和运行都非常流畅。

而钱龙旗舰版是钱龙比较热门的一个版本，它具有智能报表、全功能条件编辑、叠加分析、动态警报等功能。另外，新一代 AI 数据挖掘引擎具备了自我学习能力，能够每天汲取海量行情和咨询信息，进行优化分析，得以持续有效地识别和追踪主力行为。

NO.043 通达信炒股软件

通达信的哲学是给证券经营机构和广大投资者提供独一无二、有效的证券投资分析系统，如图 3-3 所示为通信达官网首页（https://www.tdx.com.cn/index.html）。

图 3-3 通达信官网

与其他行情软件相比，通达信有着界面简洁和行情更新速度快的优点。除此之外，通达信还允许用户自由的划分屏幕，并且规定每一块应该对应哪个内容，方便用户实时掌握股市讯息。

NO.044 同花顺炒股软件

同花顺是一款功能非常强大的免费网上股票证券交易分析软件，也是投资炒股的必备工具。同花顺股票软件是一个提供行情显示、行情分析和行情交易的股票软件，如图 3–4 所示为同花顺官网（http://www.10jqka.com.cn/）。

图 3-4 同花顺官网

同花顺软件与其他同类软件相比有着明显的优势，具体如表 3–2 所示。

表 3–2 同花顺炒股软件的优势

优势	内容
资讯全面	同花顺为用户提供文本、超文本、信息地雷、财务图示以及滚动信息等多种形式的资讯信息，并且每一个个股资料、交易所新闻等都经过了预处理，用户可以轻松浏览，快速查到
指标丰富	同花顺软件系统预置了近 200 个经典技术指标，帮助用户查看分析。另外还提供了指标、公式编辑器，让用户可以随意编写、修改
页面组合	同花顺提供了大量的组合页面，让股市的行情、资讯、图标、技术分析与财务数据进行组合，从而帮助用户从多个角度来分析
财务图示	同花顺将各种复杂的财务数据通过图形和表格的形式显示出来，使用户可以轻松比较、计算与分析，快速选股
区间统计	同花顺能够在 K 线图里统计区间内的涨跌、振幅和换手等数据，使用户在短时间内快速查询到个股在一段时间内的各项数据，并提供阶段统计表格，这样就可以对一段时间内的数据在不同股之间进行排序比较

3.2 行情交易软件使用指南

在认识了众多的炒股软件之后股民就可以选择一个适合自己的软件进行炒股操作了，这里以通达信软件为例，为大家介绍一些软件的使用方法，帮助新股民快速入门。

通达信软件是多功能的证券信息平台，它可以在Windows XP/Vista/7/8/10等系统中运行，很多券商的行情交易软件都以通达信为核心，例如长江证券。

NO.045 登录交易软件

新股民可以在开户证券公司的官网上下载相应的炒股软件安装在自己的电脑上并使用。证券交易软件的操作方式大多相似，下面主要以金长江证券的独立行情为例进行介绍。

实例分析

登录金长江证券交易软件

单击“开始”按钮，在弹出的“开始”菜单中执行“金长江网上交易财智版”命令，如3-5左图所示。

在打开的登录页面中单击“独立行情”按钮。如果有交易账号，可以在“登录方式”下拉列表选择“资金账号”选项，在其后的下拉列表框中选择“普通交易”选项，输入资金账号、密码和验证码，单击“登录”按钮，如3-5右图所示。

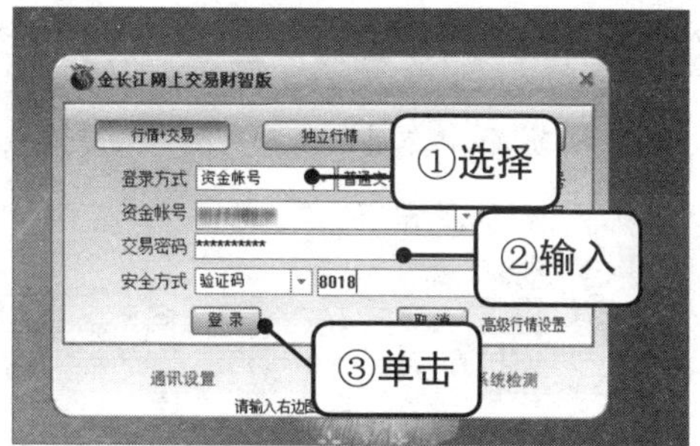

图 3-5 登录金长江证券

NO.046 认识基本的工作界面

利用软件帮助分析股票首先要对软件的界面有所了解，登录成功之后页面自动跳转至行情报价页面。在默认情况下该页面由菜单栏、报价区、工具栏组成，如图 3-6 所示。

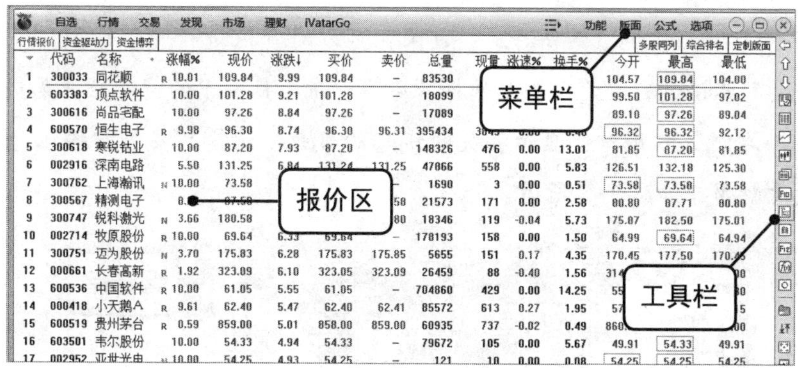

图 3-6 金长江证券基本界面

NO.047 快速浏览财经信息

财经信息通常是股民炒股时的重要讯息，也是重点关注项目，股民除了在网上浏览之外，还可以直接在交易软件中查看，十分便捷。

实例分析

浏览港澳资讯——中证协：区域性股权市场要准确把握市场发展定位

在行情页面中单击“功能”菜单项，在弹出的下拉菜单中选择“财经资讯”命令，如图3-7所示。

名称	涨幅%	现价	涨跌↓	买价	卖价	总量	现量	涨速%	换手
同花顺	10.01	109.84	9.99	109.84	–	83530	98	0.00	3.1
顶点软件	10.00	101.28	9.21	101.28	–	[illegible]	[illegible]	[illegible]	3.1
尚品宅配	10.00	97.26	8.84	97.26	–	[illegible]	[illegible]	[illegible]	2.5
恒生电子	9.98	96.30	8.74	96.30	96.31	[illegible]	[illegible]	[illegible]	6.4
寒锐钴业	10.00	87.20	7.93	87.20	–	[illegible]	[illegible]	[illegible]	13.0
深南电路	5.50	131.25	6.84	131.24	131.25	47866	558	0.00	5.8
上海瀚讯	10.00	73.58	6.69	73.58	–	1690	3	0.00	0.5
精测电子	8.22	87.58	6.65	87.57	87.58	21573	171	0.00	2.5
锐科激光	3.66	180.58	6.38	180.58	180.80	18346	119	-0.04	5.7
牧原股份	10.00	69.64	6.33	69.64	–	178193	158	0.00	1.5
迈为股份	3.70	175.83	6.28	175.83	175.85	5655	151	0.17	4.3
长春高新	1.92	323.09	6.10	323.05	323.09	26459	88	-0.40	1.5
中国软件	10.00	61.05	5.55	61.05	–	704860	429	0.00	14.2
小天鹅A	9.61	62.40	5.47	62.40	62.41	85572	613	0.27	1.9
贵州茅台	0.59	859.00	5.01	858.00	859.00	60935	737	-0.02	0.4
韦尔股份	10.00	54.33	4.94	54.33	–	79672	105	0.00	5.6
亚世光电	10.00	54.25	4.93	54.25	–	121	10	0.00	0.0

图3-7 选择“财经资讯”命令

页面的左侧窗口中显示“资讯工具”目录、“港澳资讯”目录、“贝格资讯”目录以及“公告消息”目录，可以对资讯进行管理设置，并选择感兴趣的资讯进行查看。例如选择“港澳资讯”目录下的“财经证券要闻”选项，右侧上方窗口便显示相关的讯息的目录，选择想要查看的讯息，双击查看新闻，如图3-8所示。

图3-8 查看需要的讯息

NO.048 查看股票排名情况

以通达信为核心的交易软件都具备排名功能，方便用户查看股票的各类排名情况，帮助用户进行分析，快速选股。除了查看大盘的股票涨跌排名之外，软件还为用户智能地提供了各类股票排名，这里以上证 A 股为例介绍。

实例分析

查看上证 A 股的综合排名

在金长江的行情页面中单击“综合排名”选项卡，在弹出的下拉菜单中选择“上证 A 股”命令，如 3-9 左图所示。此时在页面的右下方将出现综合排名列表窗口，包括 5 分钟涨速排名、今日涨幅排名、今日量比排名以及今日跌幅排名等比较常见的各类排名，如 3-9 右图所示。

综合排名

基本栏目 资金栏目 综合排名 - 上证A股

今日涨幅排名			5分钟涨速排名		
山煤国际	4.69	10.09%	城地股份	19.61	2.40%
长航油运 N	3.50	10.06%	博信股份	19.23	1.64%
海立股份	10.51	10.05%	深圳新星	23.15	1.54%
山东金泰	10.73	10.05%	ST仰帆	14.55	1.46%
大智慧	11.28	10.05%	音飞储存	8.23	1.35%
贵广网络	11.28	10.05%	荣泰健康	42.31	1.32%
今日跌幅排名			**5分钟跌速排名**		
百傲化学	27.43	-6.38%	江西长运	7.02	-0.99%
昭衍新药	68.88	-4.37%	珀莱雅	69.40	-0.84%
ST正源	2.68	-2.19%	乐凯胶片 R	8.88	-0.78%
金鸿顺	23.08	-2.12%	仙鹤股份 N	20.71	-0.77%
中广天择	25.65	-1.87%	国旅联合	5.65	-0.70%
ST锐电	1.58	-1.25%	太原重工 R	3.08	-0.65%
今日量比排名			**今日振幅排名**		
宁波富邦	11.86	6.66	长航油运 N	3.50	14.78%
国美通讯	10.27	4.62	金鹰股份	7.94	12.65%
昭衍新药	68.88	4.30	汇鸿集团	5.98	12.13%
山煤国际	4.69	4.10	东方材料	17.03	11.65%
永冠新材 N	21.08	4.05	广电网络 R	12.24	11.59%

图 3-9 查看股票排名情况

用户除了简单查看之外，还可以对股票的排名展示情况进行设置，包括添加、删除排名，以及排名数显示设置。在打开的综合排名窗口单击 按钮，如 3-10 左图所示，在弹出的下拉列表中选择“排名设置”命令，如 3-10 右图所示。

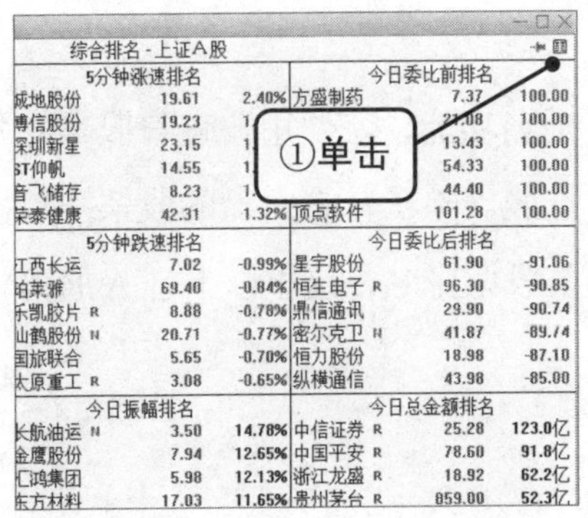

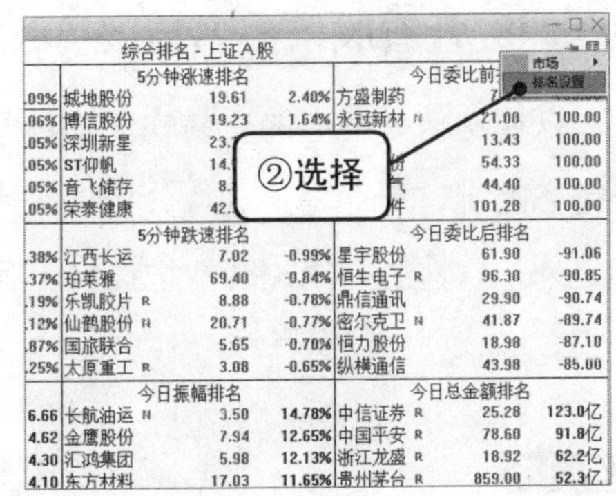

图 3-10 执行“排名设置”命令

在打开的“排名设置”对话框左侧排名目录中选择排名栏目，然后单击=>按钮进行添加，如 3-11 左图所示。在右侧排名目录中选择排名栏目，再单击“缺省”按钮，进行删除，如 3-11 右图所示，最后单击“确定”按钮即可。

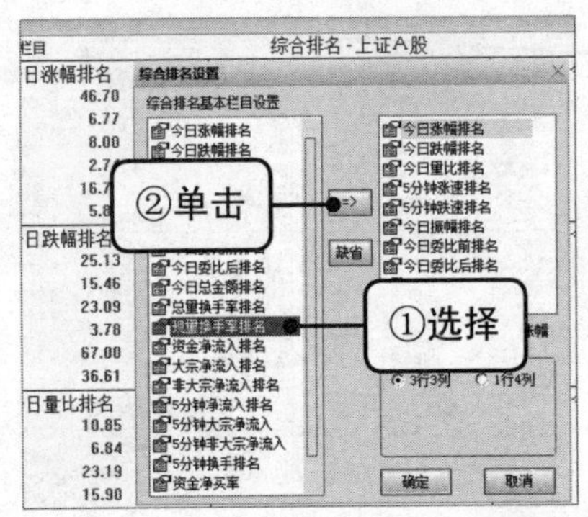

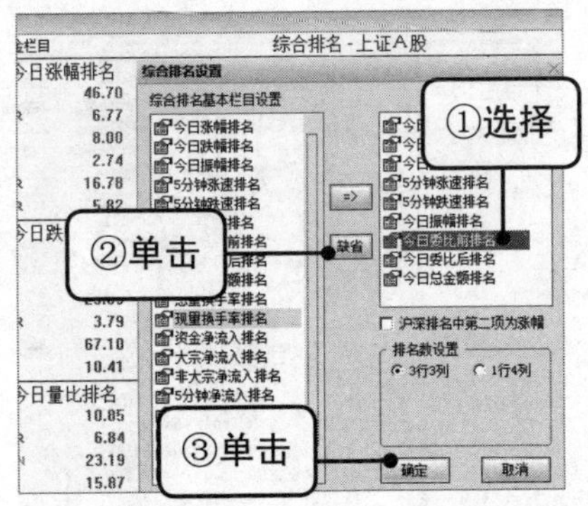

图 3-11 排名设置

NO.049 软件中的快捷操作

为了更加顺畅地使用软件，提高操作速度，用户可以掌握一些快捷操作。快捷键通常有点序列键、数字键、功能键和组合键 4 种形式组成。软件中的快捷键有很多，下面主要介绍一些比较常用的快捷键，具体如表 3–3 所示。

表 3-3 常用快捷键

快捷键	对应功能	快捷键	对应功能	快捷键	对应功能
F1	分时成交明细 / 报表	F12	交易委托	Ctrl+U	移动筹码
F2	分价表	Ctrl+A	批量操作	Ctrl+X	多周期同列
F3	上证指数	Ctrl+D	系统设置	Ctrl+Y	价量条件预警
F4	深证成指	Ctrl+F	公式管理器	Ctrl+Z	加入到板块股
F5	分时 / 分析切换	Ctrl+J	主力监控精灵	Ctrl+Tab	窗口切换
F6	自选股	Ctrl+M	多股同列	Ctrl+F4	关闭当前子窗口
F7	财经资讯	Ctrl+P	全屏非全屏切换	Ctrl+Enter	进入报价
F8	周期切换（分析图）	Ctrl+Q	标记文字	Alt+D	从板块股中删除
F9	消息中心	Ctrl+R	所属板块	Alt+Z	加入到自选股
F10	个股资料	Ctrl+S	程序交易评测系统	Alt+F4	退出系统
F11	图文 F10	Ctrl+T	条件选股	Alt+F12	画线工具
Shift+ ↑	当前品种前移	Tab	行情 / 财务栏目切换	Alt+ 数字	K 线界面切换多个窗口
Shift+ ↓	当前品种后移	Delete	从当前板块中删除	Ctrl+B	后复权
Shift+F10	权息资料	Ctrl+L	显隐行情信息	Ctrl+N	定点复权
Shift+Enter	辅助区信息地雷	Back	前只品种	Ctrl+V	前复权
Page Up	向前翻页	Ctrl+E	专家系统指示	Ctrl+W	区间统计
Page Down	向后翻页	Alt+R	指标用法注释	Ctrl+ ↑	放大 K 线
+	排序状态切换			Ctrl+ ↓	缩小 K 线
−	自动换页			Alt+ 数字	分时界面切换多日分时

3.3 股票交易的实际处理

行情交易软件中涉及的交易操作包括银证转账、购买股票以及卖出股票等操作，这些操作都与股民息息相关，需要牢牢记住。

NO.050 银证转账如何做

银证转账指将银行账户的资金转入到资金账户，只有资金账户中有足够的资金，股民才能够购买股票。

实例分析

向资金账户中转入 1 000 元

登录金长江交易软件，在打开的界面中选择左下方窗格中“银证转账”目录下的“银证转账”选项，在右侧的“转账方式”下拉列表框中选择“银行转证券”选项，并输入转账金额，单击“转账”按钮，如图 3-12 所示。

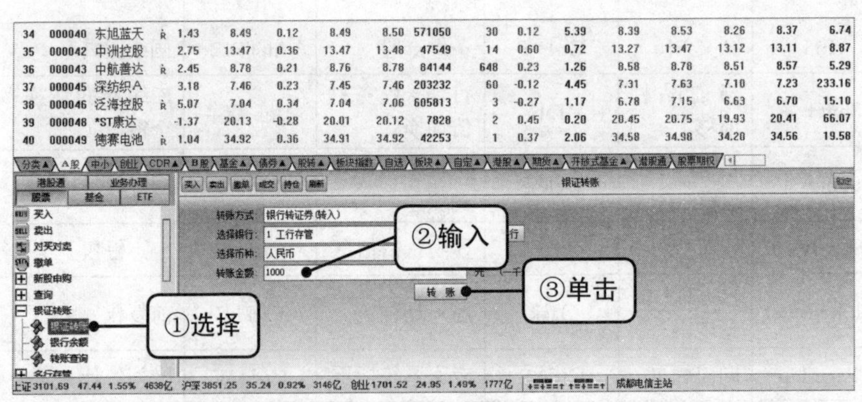

图 3-12 银证转账

需要注意的是，银证转账的操作需要在开盘的时间内进行，否则转账将失败，而且转出资金之后，转出的资金必须要等到下一个交易日才能到达银行账户。

NO.051 如何购买股票

股民在选择到心仪的股票之后就可以进行股票的购买了。购买股票也是下委托，具体操作如下所示。

实例分析

购买神州数码（000034）股票

登录金长江交易软件，在辅助区选择左侧的“买入”选项，在右侧窗格中选择股东代码，输入证券代码，此时行情页面自动跳转成该股的分析图，下方窗格自动显示股票名称与买入价格。此时输入买入的数量，单击“买入下单”按钮即可，如图 3-13 所示。

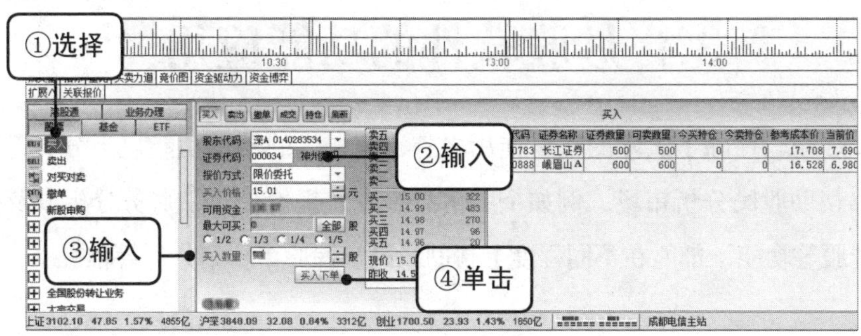

图 3-13 购买股票

购买成功之后选择“查询”选项，在展开的目录中选择“当日委托”选项即可查询到当日股票购买的相关信息。

NO.052 如何卖出股票

卖出股票的操作与买入股票相同，只是卖出的操作在“卖出”目录中操作。在辅助区选择左侧“卖出”选项，在右侧窗格中选择股东代码，输入证券代码，此时行情页面自动跳转成该股的分析图，此时输入卖出的数量和价格，单击“卖出下单”按钮即可，如图 3-14 所示。

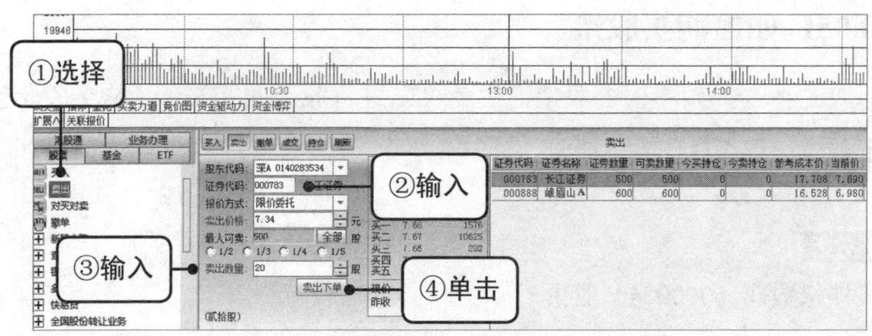

图 3-14 卖出股票

3.4 炒股软件的功能应用

炒股软件除了实际的交易使用之外，其提供的辅助功能也十分关键，能够帮助股民分析市场。例如个股信息查看、报价分析、财务分析以及智能选股等功能，都能在不同程度上帮助股民掌握股市行情，运筹帷幄。

NO.053 查看个股信息

在行情页面虽然可以看到个股的涨幅、买价、成交量以及变动情况，但是这些单一的数据往往不能够使股民迅速做出判断。想要进一步地了解个股信息就需要进入个股页面。

实例分析

查看中国宝安（000009）的个股信息

在打开的行情页面中双击中国宝安，或者直接在通达信键盘精灵上输入股票代码“000009”，双击“000009 中国宝安”选项即可进入个股页面，如图 3-15 所示。左侧上方为该股 K 线走势图，左侧下方为副图指标窗口，这里显示的是成交量右侧上方为当前买卖情况，右侧下方为当前该股的相关买卖数据。

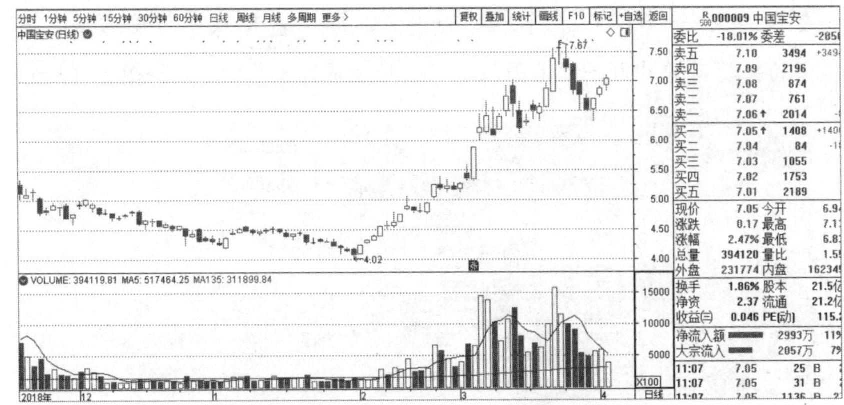

图 3-15 中国宝安个股窗口

单击“功能”菜单项，在弹出的下拉菜单中选择“基本资料”命令，如3–16左图所示。此时页面显示出该上市公司的基本情况，如 3–16 右图所示。

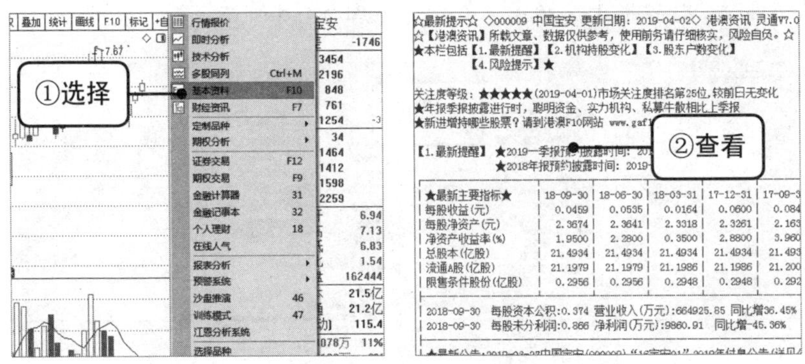

图 3-16 基本信息查看

NO.054 添加分析指标线

在通达信软件中自带了多种技术指标，帮助股民查看分析个股走势，用户只需要在软件中添加指标线便可以进行快速分析。

实例分析

添加主图中的 MA2 均线指标

在中国宝安（000009）个股页面中，选择任意 K 线图位置右击鼠标，在弹出的快捷菜单中执行“主图指标 / 选择主图指标”命令，如图 3-17 所示。

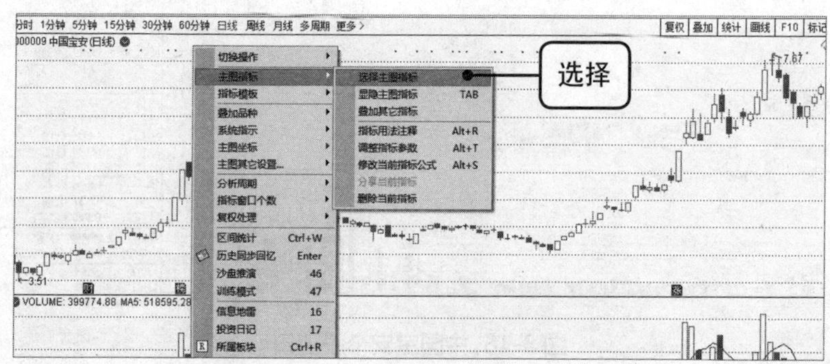

图 3-17 打开“请选择主图指标”对话框

在打开的“请选择主图指标”对话框中按照需求选择指标，如选择“MA2 均线”选项，然后单击“确定”按钮，如图 3-18 所示。

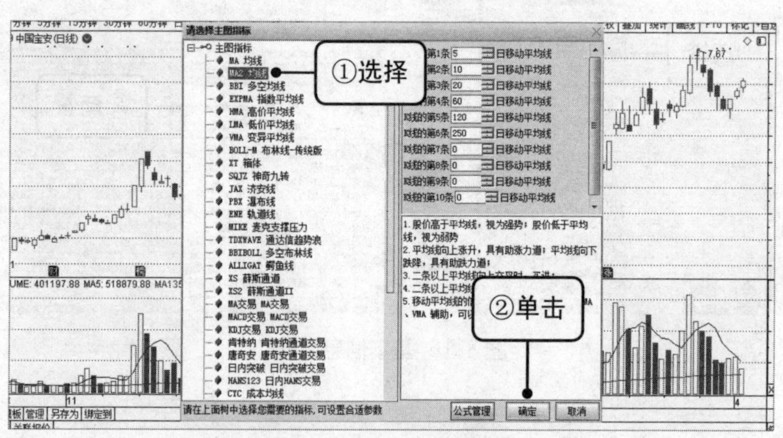

图 3-18 添加主图指标

上面介绍的是添加主图指标，主图指标指在 K 线图窗口上显示的指标。除了添加主图指标之外，还可以添加副图指标，副图指标为 K 线图下方窗口中显示的指标。

实例分析

添加副图 DMA 平均差指标

在中国宝安（000009）个股技术分析窗口，在空白处右击，在弹出的快捷菜单中执行“指标窗口个数/2个窗口”命令，如图3–19所示。两个窗口分别是主图K线图和副图。

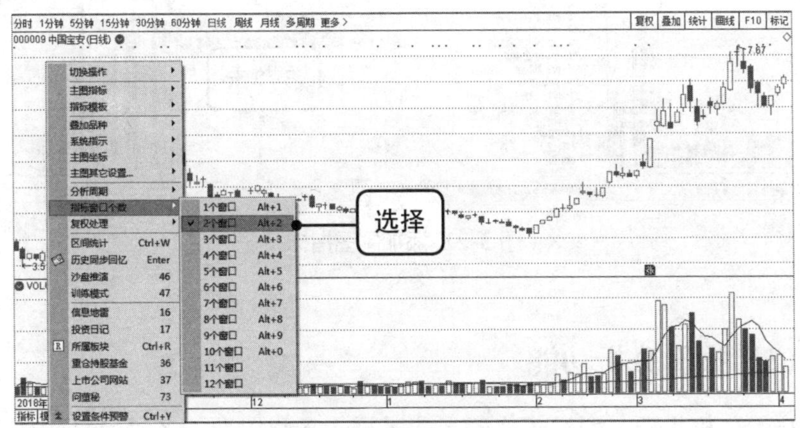

图3-19 改变窗口个数

在副图的空白位置右击，在弹出的快捷菜单中执行“副图指标/选择副图指标”命令，如图3–20所示。

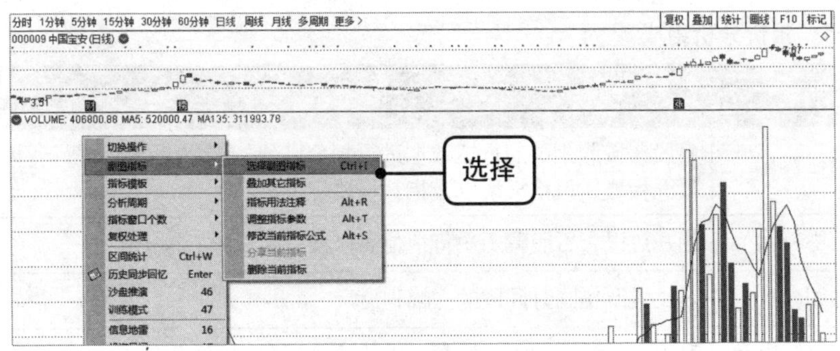

图3-20 打开“请选择副图指标”对话框

在打开的“请选择副图指标”对话框中选择需要的指标，如“DMA平均差”选项，单击“确定”按钮，如图 3-21 所示。

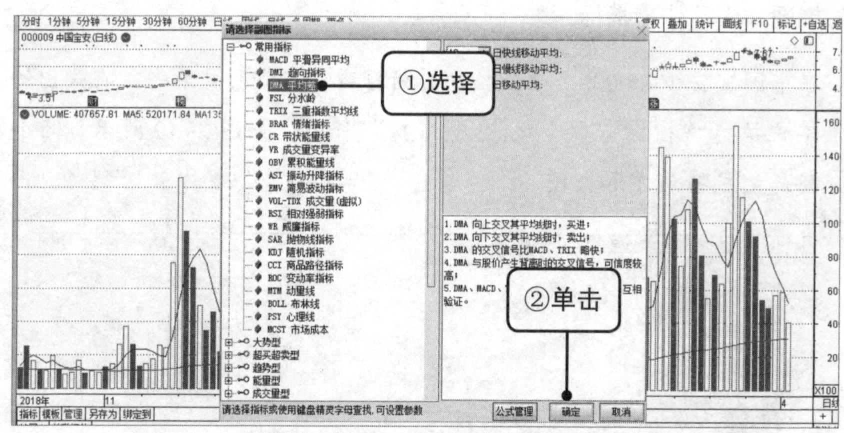

图 3-21 添加副图指标

NO.055 报价分析功能

报价分析主要是通过表格的形式来展示多只股票的各种信息，从而使用户对关注的股票的变化情况能够了然于心，还可以让用户依照某项关注的重点数据对股票进行排序，使用户快速捕捉到优质股票。报价分析由多个部分组成，分别有不同的功能，具体如表 3-4 所示。

表 3-4 报价分析组成

功能	介绍
板块分析	将股票按照相关的行情数据进行划分排列，包括地区板块、行业板块、概念板块、风格板块以及指数板块等
历史行情	用户可以查看股票历史行情信息以及自定义指标输出值
强弱分析	对比股票相同时间段的涨幅程度
区间涨跌幅度	突出展示股票相关行情数据中的涨跌幅度
区间换手排名	突出展示股票相关行情数据中的换手

续表

功能	介绍
区间量变幅度	突出展示股票相关行情数据中的量变幅度
区间震荡幅度	突出展示股票相关行情数据中的震荡幅度

实例分析

查看报表分析功能中的强弱分析表

打开金长江证券交易软件，进入上证A股的行情展示页面，单击“功能”菜单项，在弹出的下拉菜单中执行“报表分析 / 强弱分析”命令，如图 3-22 所示。

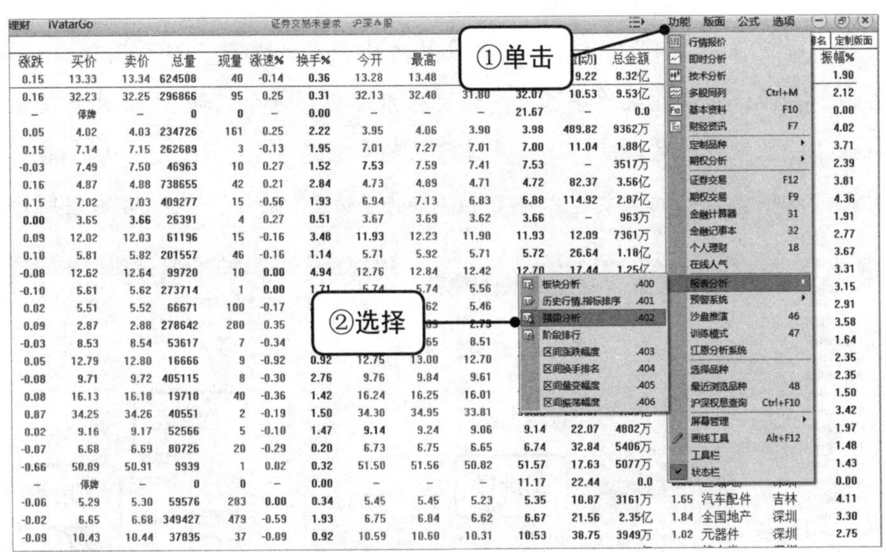

图 3-22 打开强弱分析表

此时可以看到上证A股的个股在各个时间段的强弱指标分析表，包括今日、1日、5日以及10日等。此时可以指定某只股票为基准股票，在页面任意位置右击，在弹出的快捷菜单中选择“选择基准品种”命令，并在打开的页面中选择某只个股，例如选择中信证券（600030），如图 3-23 所示。

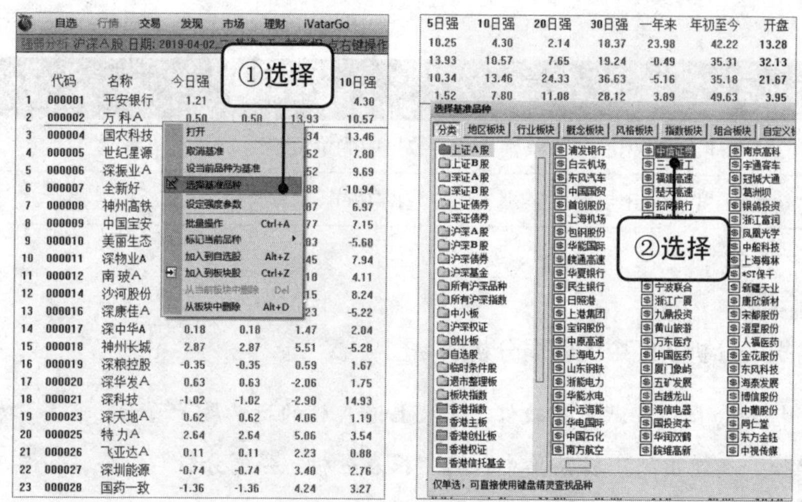

图 3-23 选择基准品种

选择完基准品种之后，还需要设置对比强度的参数。在页面任意位置右击，在弹出的快捷菜单中选择“设定强度参数”命令，如 3–24 左图所示，打开“设定参数”对话框。此时系统默认的参数为 3、5、10、20 以及 60 天，股民可以根据自己的需要输入参数值，单击“确定”按钮，如 3–24 右图所示。

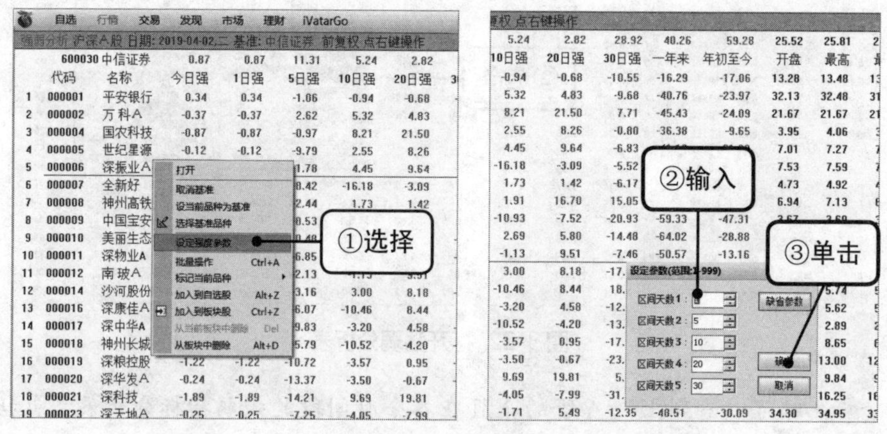

图 3-24 设置参数范围

完成上述操作之后，股民就可以查看到以“中信证券”为基准品种的个股强弱市分析报表，如图 3–25 所示。

强弱分析 沪深A股 日期: 2019-04-02,二 基准: 中信证券 前复权 点右键操作

	600030	中信证券	0.87	0.87	11.31	5.24	2.82	28.92	40.26	59.28	25.52	25.81	25.32	25.50	40.2亿
	代码	名称	今日强	1日强	5日强	10日强	20日强	30日强	一年来	年初至今	开盘	最高	最低	收盘	总金额
1	000001	平安银行	0.34	0.34	-1.06	-0.94	-0.68	-10.55	-16.29	-17.06	13.28	13.48	13.23	13.34	8.42亿
2	000002	万科A	-0.37	-0.37	2.62	5.32	4.83	-9.68	-40.76	-23.97	32.13	32.48	31.80	32.23	9.61亿
3	000004	国农科技	-0.87	-0.87	-0.97	8.21	21.50	7.71	-45.43	-24.09	21.67	21.67	21.67	21.67	0.0
4	000005	世纪星源	-0.12	-0.12	-9.79	2.55	8.26	-0.80	-36.38	-9.65	3.95	4.06	3.90	4.01	9416万
5	000006	深振业A	0.99	0.99	-1.78	4.45	9.64	-6.83	-41.10	-21.63	7.01	7.27	7.01	7.13	1.89亿
6	000007	全新好	-1.40	-1.40	-8.42	-16.18	-3.09	-5.52	-88.00	-66.35	7.53	7.59	7.41	7.49	3572万
7	000008	神州高铁	3.16	3.16	-2.44	1.73	1.42	-6.17	-67.95	-33.05	4.73	4.92	4.71	4.91	3.78亿
8	000009	中国宝安	1.46	1.46	-8.53	1.91	16.70	15.05	-23.90	4.07	6.94	7.13	6.83	7.04	2.89亿
9	000010	美丽生态	-1.14	-1.14	-10.48	-10.93	-7.52	-20.93	-59.33	-47.31	3.67	3.69	3.62	3.65	966万
10	000011	深物业A	-0.53	-0.53	-6.85	2.69	5.80	-14.48	-64.02	-28.88	11.93	12.23	11.90	11.97	7482万
11	000012	南玻A	1.05	1.05	-2.13	-1.13	9.51	-7.46	-50.57	-13.16	5.71	5.92	5.71	5.83	1.18亿
12	000014	沙河股份	-1.58	-1.58	-3.16	3.00	8.18	-17.82	-37.66	-23.54	12.76	12.84	12.42	12.61	1.27亿
13	000016	深康佳A	-2.27	-2.27	-6.07	-10.46	8.44	18.08	-57.83	14.49	5.74	5.74	5.56	5.63	1.55亿
14	000017	深中华A	-0.69	-0.69	-9.83	-3.20	4.58	-12.67	-41.70	-32.90	5.51	5.62	5.46	5.51	3728万
15	000018	神州长城	2.00	2.00	-5.79	-10.52	-4.20	-13.19	-92.98	-23.90	2.81	2.89	2.79	2.87	7989万
16	000019	深粮控股	-1.22	-1.22	-10.72	-3.57	0.95	-17.41	-70.06	-39.81	8.57	8.65	8.51	8.53	4624万

图 3-25 个股强势分析报表

NO.056 通达信选股器功能

怎样才能从茫茫的股海中选择到理想的股票呢？这是所有股民的难题。此时，可以借助行情软件的选股器功能轻松帮助股民完成选股。通达信行情软件为用户提供了 5 种选股功能。

（1）条件选股

条件选股是指根据系统或用户编制的条件选股公式对个股进行选择，条件选股公式可以限定为一个或多个选股公式进行组合，系统会自动为用户筛选出符合条件的所有股票，还可以将其保留成板块，方便用户实时查看。

（2）定制选股

定制选股主要是为不太会使用公式编辑器的用户编制的一套简单方便的选股工具。定制选股是通过个股的基本资料、行情以及其他条件 3 项内容对个股进行定制，筛选出符合条件的个股。

（3）模式选股

模式选股是依照专家提出的优质个股形态，进行包括基本指标和技术指标的限定而完成的选股工具。简单来说，就是在基本分析、形态分析以及指标分析的基础上，根据出现的 K 线形态的系统所提出的一些买入或者卖出的建议，供股民作为选股的参考。模式选股提供了 6 种模式，具体如表 3–5 所示。

表 3–5　选股的模式类型

类型	内容
低进模式	符合该模式的股票处于股价低位吸筹的阶段，股票一般都是中小盘次新股，股价较低
高进模式	符合该模式的股票通常为庄家已基本控盘的股票
高出模式	符合该模式的股票一般处于股价高位出货的阶段，其再度拉升的空间不大
低出模式	符合该模式的股票通常是庄家已经在最短时间内出完货的股票
基本指标	通过分类小、中、大盘次新股和小、中、大盘绩优、绩平以及绩差股帮助股民分析
技术指标	通过 BIAS、SAR、KDJ、MACD、MTM 等技术指标显示出可能在短期内发动行情的股票，并给出信号

（4）插件选股

插件选股是直接调用数据库的数据，使用电脑进行计算，不受行情的影响。它主要针对一些高级用户出于保密或速度的需要而以插件方式完成的选股工具。它具有速度快、计算能力强，且不受软件功能限制的优点，但是其公式编写非常复杂，而且需要使用计算机语言，例如 VC 等，不适合一般的股民。

（5）综合选股

综合选股指用户自己去设置指标、财务、行情、条件以及 K 线的范围数值以满足股民的投资需求，系统再自动筛选出符合条件的股票以供用户选择。

以上的5种选股方式都有其各自的优势，能够在用户选股的过程中提供不同程度的帮助，非常实用。下面以条件选股为例为大家介绍金长江证券通达信软件的选股功能操作。

实例分析

条件选股——以日线、连涨5天为选股条件选股

打开金长江证券软件，单击“公式”菜单项，在弹出的下拉菜单中选择“条件选股”命令，如3-26左图所示。在打开的对话框中单击“条件选股公式”文本框的下拉按钮，选择“UPN-连涨数天”，设置连涨天数为“5”天，设置选股周期为“日线”，如3-26右图所示。

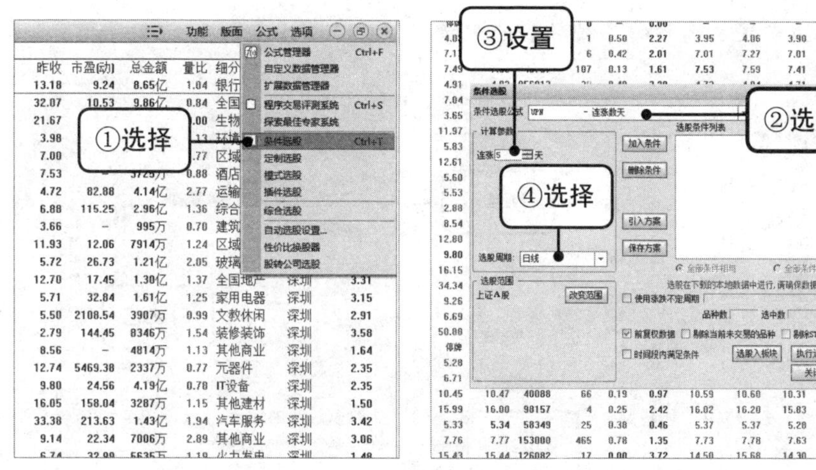

图3-26 打开“条件选股”对话框并设置条件

系统默认的选股范围为上证A股，单击“改变范围”按钮，如3-27左图所示。在打开的“改变范围”对话框中选择需要的股票范围，这里选择“上证B股”选项，再单击“确定”按钮，如3-27右图所示。

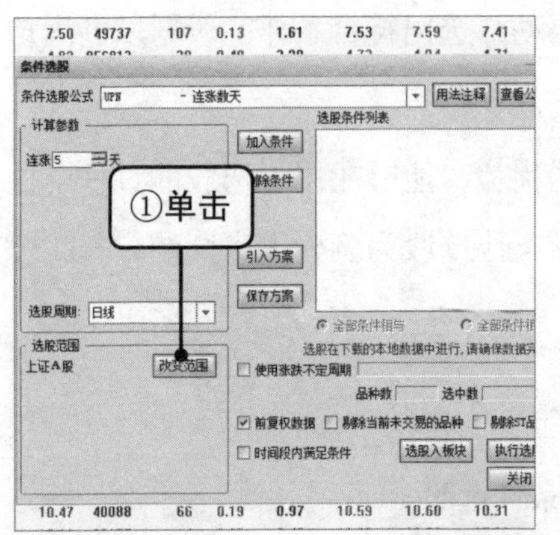

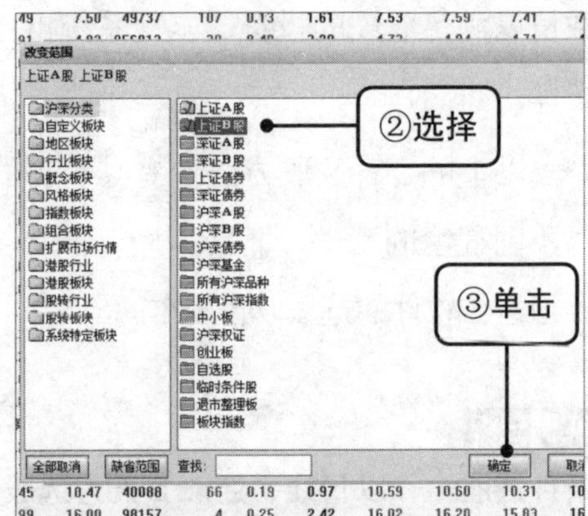

图 3-27 设置选股范围

页面返回至“条件选股”对话框中，选中“时间段内满足条件”复选框并调整时间，再单击“加入条件”按钮，窗口右侧列表显示设置好的选股条件，最后单击“执行选股”按钮即可，如图 3-28 所示。稍后，系统将在该页面中显示选股的品种数和选中数。

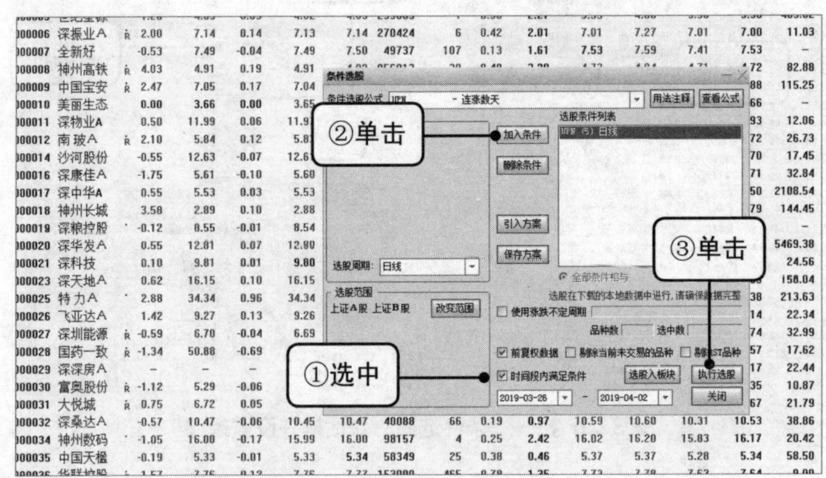

图 3-28 以日线、连涨 5 天为选股条件选股

3.5 应用手机随时随地炒股

如今手机已经成为人们日常生活的一部分，除了简单的通信之外，其消费购物、游戏娱乐以及资讯浏览等功能都极大地丰富了人们的零碎时间。如果股民可以借助手机这一工具炒股，那么炒股将变得更加便捷。

NO.057 注册登录手机炒股软件

市面上的炒股APP很多，都非常便利。除此之外，为了吸引手机用户，一些传统的电脑端炒股软件也都推出了手机炒股版本。股民可以根据自己的喜好下载安装。本章以同花顺软件为例进行介绍。安装好炒股软件之后，股民需要注册一个自己的账号。

实例分析

注册登录同花顺手机炒股软件

在手机上点击同花顺图标进入软件，在“选择炒股经验”页面点击“没有经验”选项进入炒股页面，如3-29左图所示。在页面中点击按钮进入个人中心，如3-29右图所示。

图 3-29 进入个人中心

点击“登录 / 注册”按钮，进入“一键登录”页面。软件自动提供手机号码认证服务无须密码快速登录，点击“使用本机号码 ****** 登录”按钮，即可登录，如图 3-30 所示。

图 3-30 手机号码快速登录

也可使用第三方登录，在页面下方点击微信、微博或者QQ图标，点击“打开”按钮，再点击“确认登录”按钮即可，如图 3-31 所示。

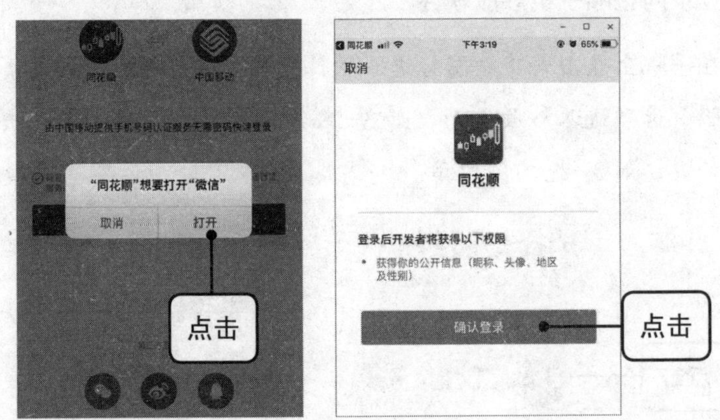

图 3-31 第三方登录

NO.058 添加与删除自选股

股民在进行了注册登录之后就可以在手机软件中进行炒股操作了。为了方便实时查看指定的股票，股民可以将其添加到自选股中，这就涉及添加和删除自选股的操作。

实例分析

添加中国宝安（000009）股票到自选股中

在同花顺首页页面中点击“自选”按钮，系统跳转至“自选”页面中，在页面点击右上角的搜索按钮，如图 3–32 所示。

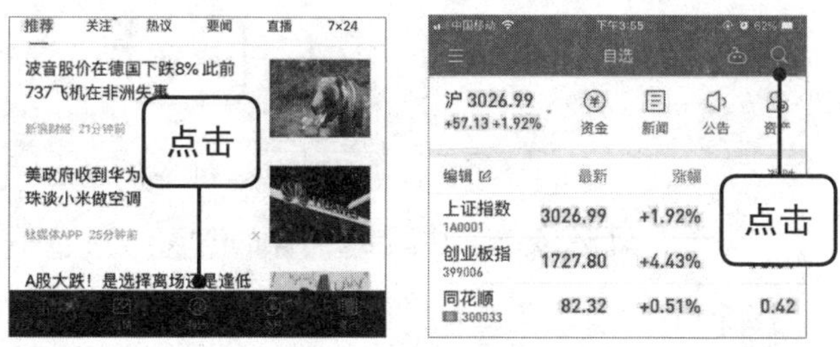

图 3-32 进入股票搜索页面

在股票搜索页面中，页面默认显示数字键盘，如果股民知道股票代码可直接输入进行搜索。如果不知道，则点击数字键盘中的“中文输入”按钮，在键盘中输入股票部分名称，系统自动显示与首字符合的所有股票名称，点击需要添加到自选股股票名称后的“+”按钮，如图 3–33 所示。

图 3-33 添加中国宝安股票到自选股

添加之后，返回到自选页面即可查看添加的自选股信息。此时点击添加的中国宝安个股，可以查看到股票的详细信息，如图 3-34 所示。

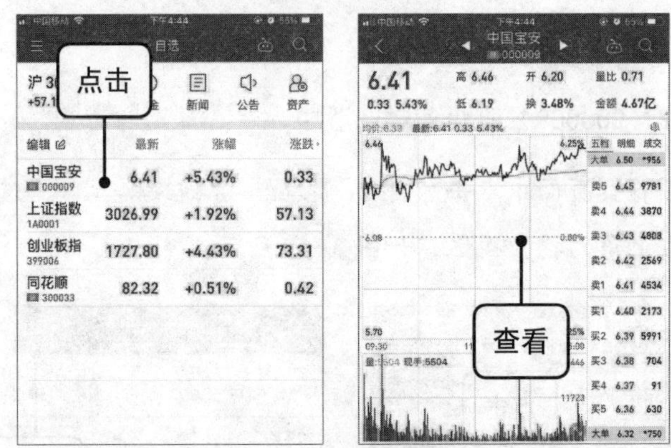

图 3-34 查看中国宝安股票的信息

如果需要移除自选股的某只个股时，就需要进行删除操作，删除操作非常简单。在自选页面中，点击“编辑”按钮，进入“自选设置”页面，选中需要删除的股票，再点击页面下方的“删除”按钮即可，如图 3-35 所示。

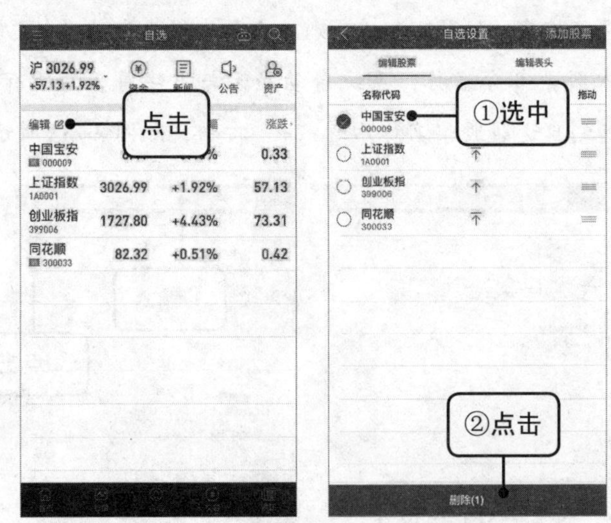

图 3-35 从自选股中删除中国宝安股票

NO.059 查看大盘股信息

了解大盘信息、掌握个股动向是炒股的基础，手机炒股当然也不例外。因此，股民需要掌握通过手机软件查看大盘信息的方法。

实例分析

查看上证指数

在同花顺软件首页点击“大盘指数”按钮或者点击页面下方的“行情”按钮，页面跳转至“指数”页面。页面按照指数、沪深、板块、港美股、英股以及其他划分成了6个板块，股民可以根据需要查看不同的信息。此时，在页面中点击“上证指数”选项，软件将自动切换到上证指数页面中，如图3-36所示。

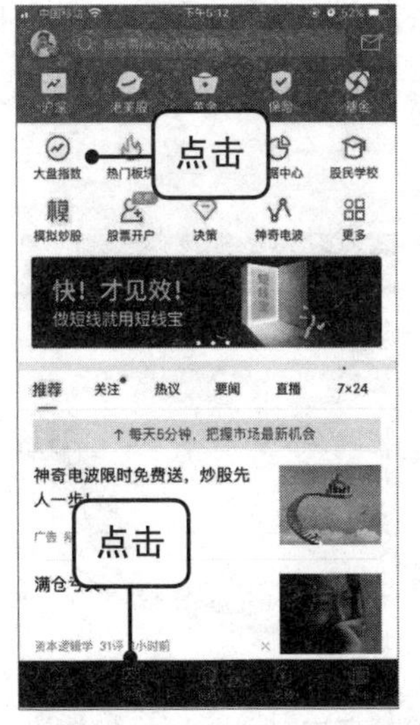

图3-36 进入指数行情页面

在上证指数页面中可以查看到当前的大盘指数信息，包括最高、开盘、量比、最低、换手率、交易额以及大盘的当日的分时图。左滑页面可以查看大盘K线走势图，如图3-37所示。

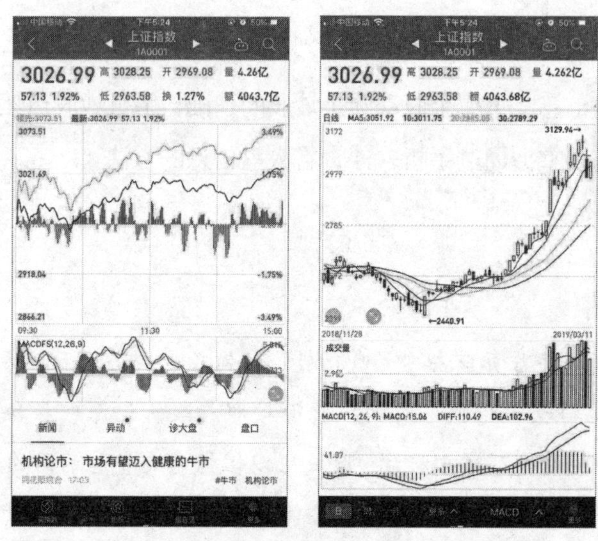

图 3-37 查看大盘信息

在默认的情况下，K 线图下方显示的是成交量和 MACD 指标走势信息，股民可以点击下拉按钮，在弹出的指标选项中选择需要的指标来进行更换，如图 3-38 所示，点击“KDJ”指标。

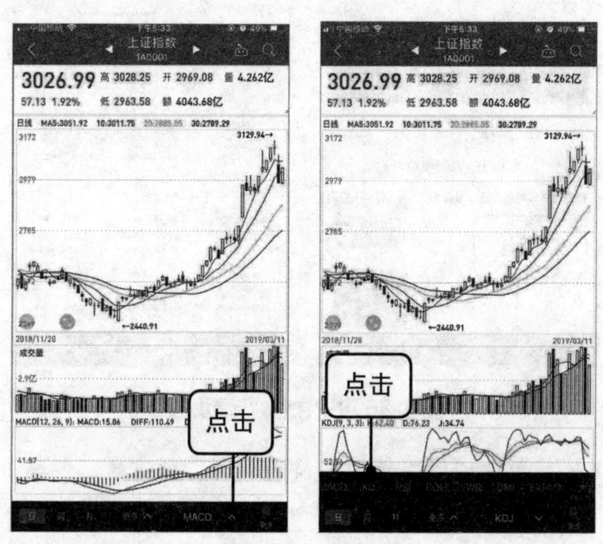

图 3-38 修改指标

第4章

通过多角度分析来选股

炒股的重点在于选股，选择到一只绩优股会给股民带来丰厚的收益。相对的，如果选择到了垃圾股也会使股民损失惨重。影响股价波动的原因有多方面，因此，股民在选择股票时也要从多个角度来考虑。

NO.060 外部宏观经济因素分析
NO.061 上市公司的经营情况
NO.062 考虑行业发展前景
NO.063 熊市下的选股
NO.064 牛市下的选股
NO.065 平淡市下的选股
…………

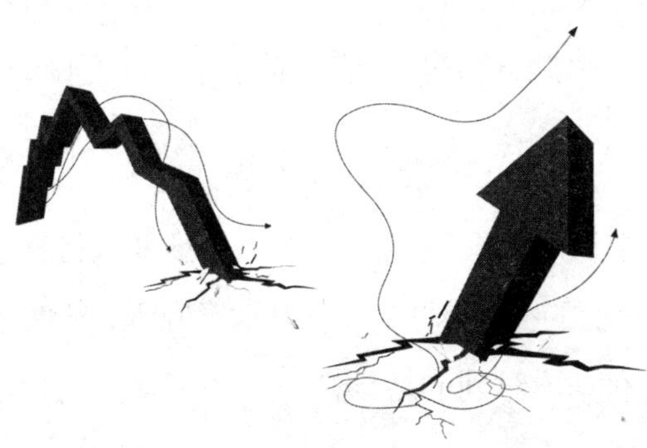

4.1 根据基本面选股

基本面在选股中是一项重要的参考数据，也是最为基本的选股标准。基本面是对宏观经济、行业和公司基本情况的分析，包括公司经营理念、策略、公司财务报表等的分析，也包括宏观经济和上市基本情况。

NO.060 外部宏观经济因素分析

股票的价格会随着一些特定的经济指标、经济策略以及国家宏观调控政策等宏观因素的变化而变化。所以基本面分析选股时，股民需要对以下 6 个宏观因素进行了解。

（1）银行利率

银行利率的变化会在一定程度上影响资金的流向，造成股价的变化。例如，银行利率提高，人们会更倾向于将钱存入银行，以获得稳定的利息收入，这就使社会中的闲散资金产生分流。对于上市公司而言，银行利率的提高则意味着公司贷款成本将增加，这必然会影响公司的盈利。

（2）税率

税率的变化直接影响着股市。如果上市公司经营税种的税率提高，则会直接影响企业的盈利能力，如果股民交易中对应的税种税率提高（如印花税），会增加交易成本，降低投资者收益水平，降低投资者的积极性。

（3）汇率

当国家的汇率上调时，会增加企业出口的难度，将直接影响对出口依存度较高的外贸类企业的盈利水平，降低其业务收入，从而影响股价。同时，汇率的升降通常会有一段时间的持续性，许多境外资金会选择在汇率上升时大举进入市场，增大了股票市场中的游资，提高了市场流动性。在一段时间内对股市中的股价有向上推动的作用。

（4）银行的政策情况

银行的政策情况也直接影响着股价。当银行的政策较严格时，信贷的速度将放缓，流入市场中的资金将会减少，此时对股票的价格产生负面的影响；反之，当银行的政策宽松时，信贷的投放数量增加，速度加快，股票市场中的资金也大量增加，此时会促进股票的价格提升。

（5）通货膨胀

严重的通货膨胀会对人们的生产、生活产生重大的负面影响，为了避免这一情况的发生，政府常常会采取一系列的手段来对其进行控制，例如调高利率。这些调控的措施都会对股价造成影响。

（6）产业政策情况

出于对国家经济结构的调控，政府会对某些行业给予一定的帮助，包括出台一些扶持政策，例如减免税收，降低了公司运营成本，增加了公司盈利水平，促进公司发展，从而对股价产生正面的影响。反之，如果国家对某些行业的发展进行干扰限制，例如增加税收，则会降低公司的盈利，增加公司的运营成本，对股价产生负面的影响。

除了上述的一些宏观因素之外，还有很多的因素，例如人民币升值、国内生产总值以及 CPI 等。这些因素都或多或少，直接间接地影响着股价的变化。股民需要在实际的操作中具体应对分析。

NO.061 上市公司的经营情况

上市公司的盈利情况会对股价产生直接影响，也是股民选股时重要的参考数据，市面上的股市行情分析软件中都可以查询到该公司的经营情况，帮助股民对比分析。通常股民在查询时要注意 4 项数值，如表 4-1 所示。

表 4-1　公司经营指标

指标	内容
营业收入	炒股实际上是股民根据当前上市公司的业绩情况对上市公司未来一段时间业绩情况的预期研判，而营业收入能够直接反映上市公司的盈利能力。如果公司的营业收入较高，则证明该公司的具有重大盈利潜力
每股盈利	除了营业收入之外，还要查看公司的每股盈利情况。虽然营业收入明显提高，但如果经营成本过高，影响收益。这样的公司通常存在很多问题，需要避免，所以盈利能力才是考核公司的重点
资产负债率	上市公司的资产负债率指全部负债的总额与该公司全部资产的总额的比率。资产负债分为长期资产负债和流动资产负债，其中流动负债在公司的运营中难以避免，而长期负债主要是公司决策的结果。如果公司在保证正常经营的情况下，具备较强的偿债能力，那么流动负债越高则表示公司经营的风险越大
股票净值	股票净值指公司资本金、资本公积金、资本公益金、法定公积金、任意公积金以及未分配盈余等项目的合计，它代表全体股东共同享有的权益，也是净资产。一般来说，上市公司的经营业绩越好，其资产增值越快，股票净值就越高，股东所拥有的权益也就越多

NO.062 考虑行业发展前景

公司的发展受到其所属行业发展前景的影响，即在行业大好的形势下，公司比较容易能够得到好的发展。反之，如果行业凋零，也会使公司难以维持正常运营。通常科技类、电子工业类以及化工类产业的公司属于成长型的产业，行业发展前景较好，比较容易引起股民的兴趣。相反，如果公司属于夕阳产业，那么公司的发展前景则堪忧。所以，股民需要对公司所属行业的性质进行分析，具体要从 3 个方面入手，如图 4-1 所示。

商品形态

根据商品的使用形态不同，可以将商品分为生产资源和消费资源。生产资源是为了满足人们的生产需要，即生产原料；消费资源是直接满足人们的消费需要。虽然都是商品，但是受到的经济环境制约却不同。一般情况下，生产资源受经济环境变动影响较消费资源大，即当经济好转时，生产资源的生产增加比消费资源快；反之，生产资源的生产萎缩也快。在消费资源中，还应分析公司的产品是必需品，还是奢侈品，因为不同的产品性质，对市场需求、公司经营和市场价格变化等都将产生不同的影响。

商品需求

从商品的需求对象分析，例如公司的产品是以内销为主，还是以外销为主。当公司的产品以内销为主时容易受到国内政策、经济环境以及消费习惯等因素的影响；当公司的产品以外销为主时容易受到国际经济、风俗习惯以及地域文化等因素的影响。这一系列的因素都将影响公司所在行业。

生产形态

根据商品生产的形态可以对公司进行划分，即技术型、劳动型、脑力型。不同的形态需要不同的劳动力，这些必然会影响公司产品的生产、销售以及盈利水平。随着时代的发展进步，科技脑力类的产品必然会逐渐替代传统的劳动型产品，因此这类的公司势必将面临转型或倒闭的困境。

图 4-1 行业前景分析点

4.2 不同股市下的选股技巧

很多的新股民对于股市有误解，认为只有在牛市的时候才能够选到赚钱的股票。其实不然，在不同的股市行情下有不同的选股技巧，使得股民即便在熊市中也可以选到表现优秀的股票。

NO.063 熊市下的选股

股市炒股中，股民最担心的就是遇上弱市熊市，其实不用害怕，我们知道股票市场具有高风险、高收益的特性，所以股市中出现熊市也是常事，只要找准技巧，便不会给自己带来损失。

熊市时个股走势为弱势下跌，大多数的股票都以震荡下跌为主基调，只有极少数的股票能够在熊市中表现出牛股的形态。面对这样的走势，最好的办法就是观望，然后精选目标股来理性投资，如下所示。

- **考虑超跌性的个股：**虽然在熊市中几乎所有的股票都表现为下跌，但股民可以从其中挑选一些跌得很重的个股进行投资，尤其是一些在熊市后期或者在熊市中持续较长时间的个股。这些个股的总体跌幅已深，综合基本分析和技术分析来看，它的下跌空间已经受到限制了，即便大盘继续下跌，这批个股也会提前止跌，率先反弹。通常股市反弹时这类的股票反弹得更高。
- **选择弹性好的个股：**弹性好的个股涨落的幅度较大，时间较短，一旦有机会便会做出远超大盘的反应，这类股票往往是短线投资者的首要选择。对于这类的股票高抛低吸，即便被套也不会套的太深，即便套的深，也不会套的太久。
- **选择具有良好发展前景的个股：**无论在什么情况下，具有良好发展前景的个股仍然是股民选股的目标，所以即便在熊市中，也要首先考虑这类股票。因为通常这类股票的公司经营比较稳定，发展前景较好，即使在熊市中出现暴跌后期也会回升。所以，此时的暴跌也为股民提供了一个良好的买入机会，让股民可以以较低的价格买到优秀的股票，当然，这类的股票的投资应该考虑中长线投资，才能够得到较好的投资收益。
- **选择有主力机构介入的个股：**熊市情况下可以查看一些有主力机构

介入的个股，一旦股市中的主力机构介入其中，就会长期持有，如果主力想要在熊市中出局，只能利用每次的反弹机会，伺机拉升个股，股民可以利用这个机会，在适当的时机买入，最好买入的成本价在主力之下或持平，一旦主力在反弹拉升股价时，也可获得利润。

NO.064 牛市下的选股

牛市与熊市是股票市场行情预料的两种不同趋势。牛市是预料股市行情看涨，前景乐观的专门术语，换言之，股市行情大好。形成牛市的因素有很多，主要包括 3 个方面，如图 4-2 所示。

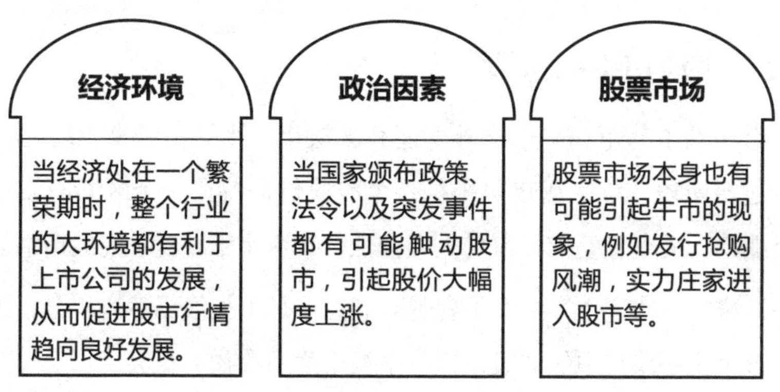

图 4-2 牛市形成原因

虽然在牛市中，普遍股票呈现上涨，给股民一种躺赢的感觉，但是牛市选股仍然要掌握一定的技巧才能够选到优质的个股，为自己带来丰厚的收益。如表 4-2 所示为牛市选股策略。

表 4-2 牛市选股策略

股票类型	内容
成长股	当前受国家政策扶持，成长性强的股票，这类股票具有 4 个特点：主力具备强大实力；公司基本面情况良好；社会中具有良好影响力；上升前经过了长时间的调整

续表

股票类型	内容
龙头股	牛市中的龙头股在大盘中也处于一个遥遥领先的位置，通常在整个牛市中一直向上不回头。当龙头股的涨势呈现放缓，则表明牛市也开始进入尾部。所以虽然龙头股上涨幅度不一定是最高的，但却是最先涨停的，封单最大的股票。股民只要跟定龙头股，通常可以收获不菲，并且风险较低
小盘股	因为稀缺性和流动性，越小的盘子当前股价越低的股票涨的会越高，所以股民可以趁着牛市的时候买入这类股票
涨停板	追涨停板也是牛市中比较常见的选股方法，涨停板中的股票具有联动性，风险性较低

NO.065 平淡市下的选股

股市中除了熊市和牛市之外，还有平淡市。平淡市经常出现在牛市与熊市的过渡阶段，指大盘走势平稳，个股股价保持在一个区间内波动，没有明显涨跌，成交量萎缩，市场人气较低，大资金难以行动的股市情况。

在这样的股市之下，短线不容易获利，但是中长线仍然有机会，因此，股民应该重视平淡市中的选股，抓住平淡市之后的盈利机会。

（1）关注排行榜

平淡市中应该关注排行榜，尽量选择“换手率排行榜”“成交量排行榜”以及“量比排行榜”靠前的股票。只有换手率高、成交量大的股票才容易进出，而量比排行榜通常是有增量资金突然介入的股票。在平淡市中只有量有了突破，价格才会有变化。

（2）超跌股

在平淡市中可以查看一些超跌股，要选择业绩较好，但是严重超跌的股票。只要股票有业绩作为支撑，那么即便它严重下跌，后期也必然会出现反弹。

（3）题材股

在平淡市中，一般的品种没有消息，没有刺激，难以表现，此时只有题材股才能成为弱市中的亮点。毕竟题材是行情的催化剂，是调动市场游资的力量。有了好的题材，平淡市中也可以有良好的表现。

总的来说，只要掌握技巧，多多思考，即便在平淡市中也可以做出不平凡的成绩。

4.3 抓住选股的时机

很多的股民选择股票往往通过实时的行情走势来判断，从而选择股票。这不仅需要对股票的走势情况有较高的敏锐度，还需要有准确的分析以及清晰的判断，但如果准确地抓住了选股的时机，可以降低选股的难度。

NO.066 开盘 15 分钟技术选股

开盘 15 分钟指早盘开盘 9:30 ~ 9:45，即开盘的第一个 15 分钟的时间区间，它是一天交易的开始，也是一天中交易的敏感时间段。可以简单说第一个 15 分钟的走势形态基本上也就决定了当天的股票价格的运行方向。

我们知道盘中所有的价格走势的剧烈异动行为均是主力机构操作盘面的结果。而主力往往在早盘开盘的 15 分钟就确定了一天股市走势的基调，通常有两种情况，具体如图 4-3 所示。

1 主力在开盘 15 分钟内拉高股价，营造出上涨的趋势。此时，市场中的大部分投资者还没有来得及反应，所以不会遇到大量的抛盘打压，从而使得主力打开当天的价格空间，为接下来的行情发展奠定良好的基础。

2 主力在开盘 15 分钟内迅速打压，营造恐慌杀跌气氛，而散户来不及抛售，变被主力操盘控制了。

图 4-3 开盘 15 分钟的两种情况

实例分析

通过开盘 15 分钟选择天壕环境（300332）

如图 4-4 所示为天壕环境 2018 年 10 月 ~ 2019 年 2 月的 K 线走势。

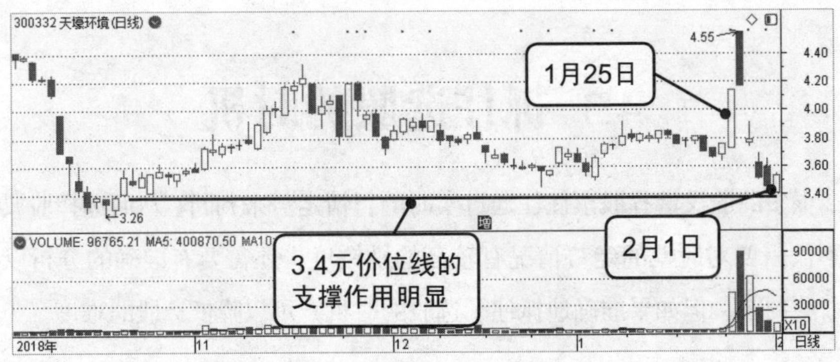

图 4-4 天壕环境 2018 年 10 月 ~ 2019 年 2 月的 K 线走势

从图中可以看到，该股在 2018 年 10 月中旬在 3.26 元触底后企稳回升，在上涨两个交易日后进入短暂的回调，3.4 元的价位线为支撑，随后股价震荡上涨在 4.2 元附近受阻回落，最终在触及 3.4 元价位线时止跌。在 2019 年 1 月 25 日，股价涨停板大阳线报收放量拉高股价，次日股价涨停板开盘后直线下跌，巨量大阴线报收，如何股价连续跳空低开拉低股价，给投资者造成一种股价凶猛下跌的表象，股价在下跌到 3.4 元的价位线时于 2 月 1 日出现大阳线止跌。反映多方将发起反攻，股价可能回升，是强势上涨的特征。

如图 4-5 所示为天壕环境 2019 年 2 月 1 日分时走势图。

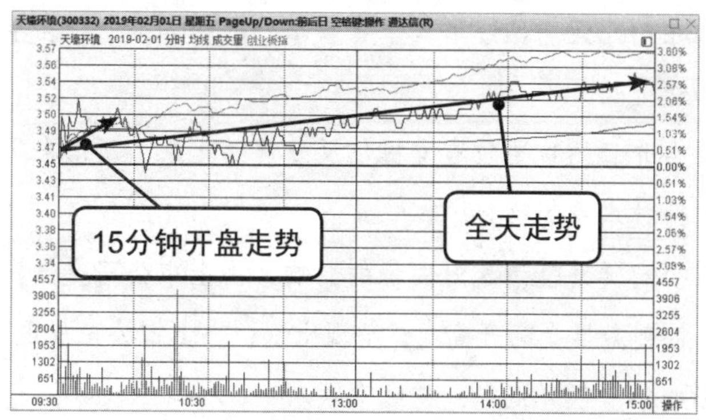

图 4-5 天壕环境 2019 年 2 月 1 日分时图

从上图可以看出，早盘放量拉升，营造出上涨的趋势，随后虽然有所回落，但当日整体仍然呈现上涨，到收盘时涨幅为 2.32%。开盘 15 分钟的走势图大体上决定了该股票全天的走势情况，股价直线拉升。再加上前期已经横盘了 3 个多月的时间，主力吸筹充分，后市看好，投资者可逢低吸筹介入。

如图 4–6 所示为天壕环境 2018 年 10 月 ~ 2019 年 3 月的 K 线走势。从图中可以看到，股价从 2019 年 2 月 1 日开始回升，一直高涨。

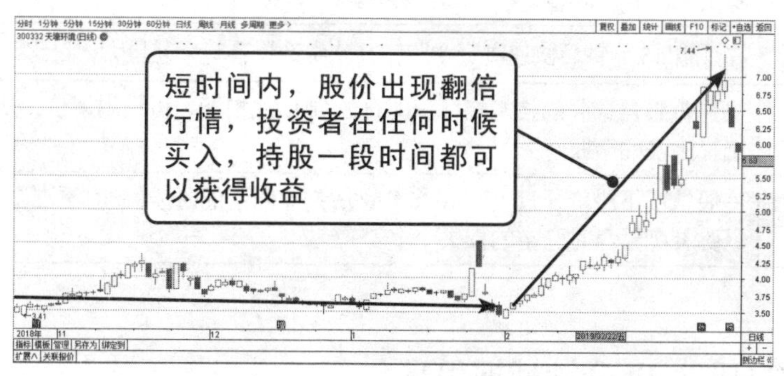

图 4-6 天壕环境 2018 年 10 月 ~ 2019 年 3 月的 K 线走势

开盘 15 分钟 K 线技术走势形成的原因有 4 点，如下所示。

◆ 在昨天的盘中股票已经有了良好的发展，形成了上涨的价格趋势，所以第二天早盘开市便趁势继续上涨。

◆ 股票在前几天便已经形成了震荡攀升的趋势，所以在早盘开市时呈现加速上涨。

◆ 股票在昨日的重要位置支撑位反复震荡止跌，所以在早盘开市之后便展开技术性的反弹。

◆ 上市公司突发性消息对股价的影响，当上市公司突然发布利好消息时，将刺激早盘高开高走，呈现上涨；当上市公司出现负面新闻时，会影响早盘低开低走，持续下跌。

既然开盘15分钟如此重要，那么在这15分钟内应该怎么去选股呢？可以从以下几点入手，如表4-3所示。

表4-3　开盘15分钟选股策略

策略	内容
提前准备	在开盘之前提前准备，收集从各个渠道得来的可能上涨的股票，添加到自选股中，并注意其走势动态。在早盘开市之后，再根据大盘的走势情况来做具体判断。如果大盘走势上涨，有做短线投资的条件，就可以选择个股了；如果大盘反复震荡，形势不好，那么就以流通盘最小的品种为优先，流通盘大的品种作为备选股
查看量比	在开盘15分钟后快速浏览个股，并从中选择首笔交易量大，量比大的个股
技术指标	快速查看自选股的技术指标，即日、周K线指标，再作出评价，从技术上选择上涨的个股
抓住回落	一般情况下股价开盘上冲10多分钟后都有回落的时候，此时看准个股买入，以弥补刚开盘时踏空的损失

NO.067 开盘30分钟捕捉黑马

开盘经过了30分钟之后，股价的强弱势已经非常明朗了，如果主力强势拉升，那么在这30分钟之内基本上已经完成了一波涨幅了。如果主力早盘诱空，那么在这30分钟内也完成了所有的诱空动作，股价则表现诱多式的量价背离特征。可以说，早盘30分钟是股市各方博弈的关键。

分析开盘30分钟的个股走势可以将其划分为3个时间点，即9:40、9:50和10:00，根据这3个时间点的走势变化来分析开盘30分钟，从而预判当天的股价走势，如图4-7所示。

如果9:40、9:50和10:00这3个时间点与起点（9:30）相比，3个点的股价都高于起点，则表示当天的行情较好，多方占据优势，股价拉升的可能性较高。

如果9:40、9:50和10:00这3个时间点与起点（9:30）相比，3个点的股价都低于起点，则表示当天的行情趋坏的可能性较高，空方力量强大，当天收阴线的概率大于80%。

如果9:40和9:50这两个时间点的股价低于起点，而10:00的股价高于起点，则表示当天的买卖双方势均力敌，行情以大幅度震荡为主，多方逐步占据优势而向上。

如果9:40和9:50两个时间点的股价高于起点，而10:00的股价低于起点，表示当天的买卖双方势头都很强劲，行情以大幅度震荡为主，多方逐步占据优势而向上。

如果9:40和9:50两个时间点的股价低于起点，且9:40的股价高于9:50，10:00的股价高于起点，呈现先跌后跌再涨的走势，则表示空方力量大于多方，但多方也积极反击，底部支撑较为有力，收盘一般为有支撑的探底反弹阴线。

如果9:40的股价低于起点，9:50和10:00的股价高于起点，且高于9:40的股价，呈现先跌后涨再涨的趋势，则表示当日空方的防线被多方突破，不但反弹成功并且逐步震荡向上。

图4-7 借助3个时间点分析走势

除了通过时间点分析行情趋势外，还可以借助形态进行分析，基本形态有以下几种，如表4-4所示。

表 4-4　开盘 30 分钟基本形态分析

形态	分析
跳空高开高走	在股指开盘时即以较高的指数跳空开出，并在半小时内顺利突破开盘时的高点。这一开盘情况常会导致当日盘面高开后高走，甚至会以中阳线或大阳线报收。在涨停板制度之下，因为受到大盘高开高走的影响使许多的股票进入涨停，股指几乎以大涨小回的方式进行。一旦这样的走势出现，通常情况下，当天会有较大的跳空缺口不被回补，从盘面来看，多方力量强于空方
低开低走	低开低走与高开高走截然不同，其走势表现为当天开盘后股价跳空低开，然后在几分钟之内快速低走，同时低点不断下降，虽然盘中出现反弹，但是并没有补上缺口，且在近 30 分钟的走势中呈现低点不断下移之态。这种情况常发生在出现利空或者昨日股指破位拉出大阴线后，一开盘股指和个股受到空方的打压
震荡走弱	分为两种情况：一是高开冲高回落走势。股价如果出现在低位，通常为主力打压吸筹，投资者可短期离场，中长线补回。如果涨幅已经出现一倍以上，而且出现两次高开长阴，那么无论出现巨量与否，投资者都应该中线离场。二是平开或低开反弹走弱。盘面上显示为上涨过快，后续量能不济，逐浪下行，顶部逐渐走低，此时应该分别来看，如果在低位，可能是主力边试盘边吸筹，如果在高位，则很有可能是主流在借助震荡出货
震荡走强	分为两种情况：一是高开低走后又走强，如果近日连续走强后，当天出现冲高走弱，稍作休息再度走强。强势已经展露无疑，盘中完成换手，如果高位出现这种情况应该密切关注量能，不能异常放大。二是低开低走后又走高，盘面震荡剧烈，但是从量能观察，空方趋于衰竭，此时介入可作反弹。如出现频繁高开低走的长阳长阴，说明主力吸筹困难，故意造成短线利差，诱使投资者卖出筹码。

NO.068 5 分钟涨速榜选股

5 分钟急涨选股是短线选股中比较常见的方法，即根据 5 分钟涨速榜来选股。5 分钟涨速榜指当天即时盘中 5 分钟之内涨得最快、涨幅最大的股票动态排行榜。简单来说，就是在当天即时盘中，如果 5 分钟内涨得最快、涨幅最大的股票都会实时更新在 5 分钟涨速榜中，股民可以借助这个榜单完成选股。

打开行情交易软件，在行情页面直接输入“81”或“83”，按“Enter”键就可以快速查看 5 分钟涨速排名，如图 4–8 所示为上证 A 股 5 分钟排名。

资金栏目 综合排名 - 上证A股

今日涨幅排名			5分钟涨速排名			今日委比前排名	
	46.70	44.00%	东方材料	18.41	5.87%	威派格 N	29.02
本 R	6.77	10.08%	华友钴业	42.52	4.19%	七一二	20.96
电	6.23	10.07%	悦达投资 R	7.10	2.90%	永冠新材 N	23.19
链	8.00	10.04%	盛屯矿业 R	7.05	2.03%	汇金通	14.77
服	2.74	10.04%	广晟有色 R	38.71	1.87%	掌阅科技	23.86
股 R	16.78	10.03%	[illegible]	[illegible]	[illegible]	顶点软件	111.41

图 4-8 5 分钟涨速榜

5 分钟速涨榜实际上是一个非常实用的短线选股工具，因为涨速的突变通常是因为大单的进入引起的，无论这个大单是基于什么原因，能够在短短几分钟内迅速买入该股大量的股票，说明对其后市看好。

因此，如果股票上了 5 分钟涨速榜单，那么股民肯定要买了。但是应该什么时候买呢？此时就需要掌握一些买进的技术特点，如图 4–9 所示。

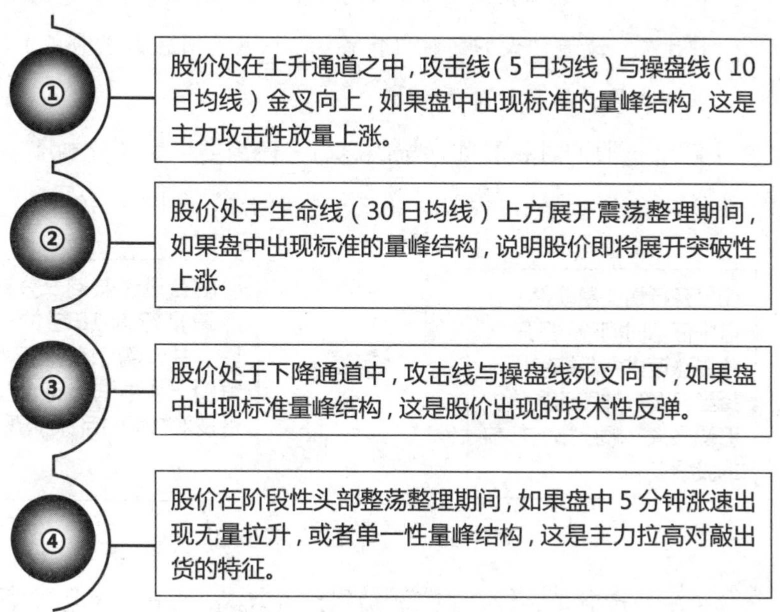

图 4-9 5 分钟涨速技术特点

面对 5 分钟涨速榜单，股民应该如何来鉴别是不是绩优股呢？可以从以下 5 点入手。

- 盘口 5 分钟涨速排行在前十名的个股，同时形成了标准的攻击性量峰，例如股票的价格处于均线上升通道中，这属于强势上涨的特征，属于优选对象。
- 盘口 5 分钟涨速排行在前十名的个股，量峰出现萎缩性结构，例如股价处于均线上升通道中，这是典型的洗盘特征，属于备选对象。
- 如果当日 5 分钟涨速排名中，出现板块性行情特征，则应以当日上涨幅度最大、量峰最标准的个股为重要目标，因为该股极有可能是领涨龙头。
- 如果当日 5 分钟涨速排名中，没有出现明显的板块行情特征，则应以收盘前上涨幅度较大、量峰结构标准的个股为重要目标。
- 在大盘反复震荡，趋势不太明朗的普通行情中，以流通盘最小的品种优先，流通盘大的品种仅作备选。以前几日温和放量的品种优先，以初次放量的品种备选。

在了解了选股的时机和如何选股之后，还需要了解 5 分钟涨速的选股过程。5 分钟涨速选股的过程很简单，由两步组成，如图 4-10 所示。

①打开行情交易软件，在盘中任意时间段，打开“5 分钟涨速排名”榜单，选择当日 5 分钟涨速最快、涨幅最大、顺序排名靠前的股票。

②临盘迅速查阅 5 分钟涨速排行前 10 名的个股，并查看个股的日 K 线图，从中选出符合买进技术特征的目标股票。

图 4-10　5 分钟涨速买股步骤

5 分钟涨速选股是比较好的一种短线投资方式，股民在实际的炒股中可以利用这个技巧来炒股。

NO.069 收盘前 30 分钟选股

在股票投资市场中，除了开盘前 30 分钟之外，收盘前 30 分钟，即 14:30 ~ 15:00，也是最容易出现异动拉升的时间段，投资机会也较多。经过一天的变化，主力对于全天的走势大致有了了解，选择最后收盘 30 分钟进场，可以最大程度上降低风险，此时如果股民可以预判主力是否出手，便可以跟进买入。

收盘前 30 分钟选股的优势有 4 点，如图 4-11 所示。

- 不管大盘涨或跌，在收盘前一定能看出个股主力运作的意图，从而判断第二天拉升的概率。
- 由于股市实行 T +1 操作模式，所以如果在尾盘买入个股，即便第二天开盘即跌，也可以立即止损，降低投资风险。
- 选股的时间充足，可以有一整天的时间来查看个股表现，有利于寻找个股支撑位的强度。
- 可以规避大盘系统性的风险，从而能很好地预防因大盘暴跌而引发的资金被套。

图 4-11 收盘前选股的优势

收盘前 30 分钟选股需要考虑以下 4 个条件。

- **大盘的行情**：大盘影响整个股市，因此，选股之前先观察大盘 K 线图，如果在 14:00 之后 K 线呈现上升趋势，说明个股也将上升，投资者此时可以考虑买入个股。如果大盘当天都处于下跌趋势，那需要关注 14:00 之后的行情，看看股市是否稳定回升，在没有明朗之前，投资者都不要贸然入市。
- **振幅**：备选股票当日股票的振幅最好能够在 5% 以内，如果分时图上的股价走势平稳，此时投资者宜选择观望。

◆ **换手率**：备选股票的换手率最好能够在 3% 以上，这就意味着有市场资金的关注，此时投资者可以考虑买入。

◆ **形态以及买卖点**：形态选择好之后，看看分时图，如果此时分时图的白线是回踩黄线不破并处于上升趋势，而且持续有大单买入，这就是要在尾盘买进的强势个股，次日冲高获利高抛即可。

总的来说，在收盘前 30 分钟选股时，要结合当天股市的运行情况才能准确操作。对于强势股，投资者可以选择追高介入，而对于弱势股，甚至是单边下跌的股票，投资者宜选择观望。

第5章

每个股民都需要看的K线图

K线图可以将每日或某一周期内的市场变化完全记录下来，股价经过一段时间的盘档之后，在图上形成一种特殊的区域或形态。这些不同的形态表示出不同的意义，我们可以从这些形态变化中摸索出一些规律，从而更好地预判股票的后市走向。

NO.070 K线的构成
NO.071 K线的类型
NO.072 如何看懂K线
NO.073 阳线的基本形态
NO.074 阴线的基本形态
NO.075 掌握无实体的K线形态
…………

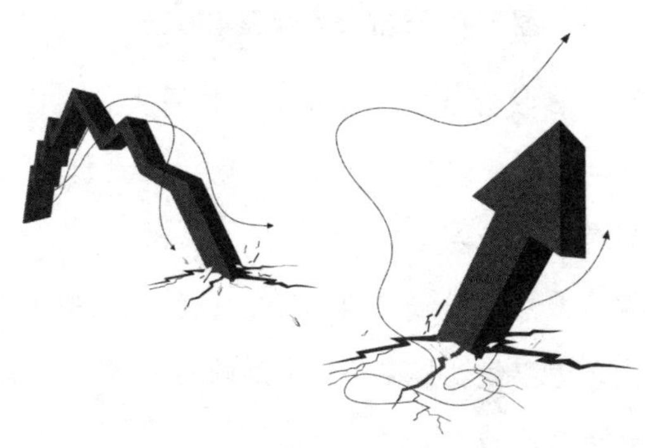

5.1 认识K线图

K线图由许许多多单根的K线组成，股民想要通过K线图对股市变化做出技术性分析，就要从单根K线入手，掌握K线的相关知识。K线的种类很多，变化很多，下面进行详细介绍。

NO.070 K线的构成

K线又称阴阳线或阴阳烛。它能将每个交易日的开盘与收盘的涨跌实体用阴阳线表示出来，并将交易日中出现的最高价及最低价以上影线和下影线的形式直观地反映出来，使人们对变化多端的股市行情一目了然。

K线由3个要素，即实体部分、上影线和下影线组成，如图5-1所示为K线的3种基本类型。

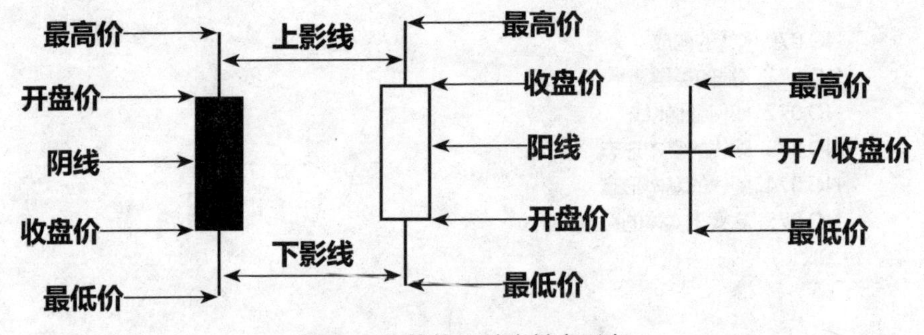

图5-1 K线的3种类基本形态

- **阴线**：股票当日收盘价低于开盘价，说明当天的价格先高后低，属于下跌，称之为阴线。其在K线上反映为开盘价在上，收盘价在下，实体常为绿色或黑色实心。
- **阳线**：股票当日收盘价高于开盘价，说明当天的价格先低后高，属于上涨，称之为阳线。其在K线上反映为收盘价在上，开盘价在下，实体常为红色实心或空心。

◆ **十字线**：股票当日的收盘价等于开盘价称之为十字线，其在K线上反映为开盘价、收盘价和实体重合的十字形。

NO.071 K线的类型

根据股民不同的需要可以对K线进行不同的划分，常见的划分方式有以下两种。

（1）按照时间划分

根据K线的计算时间可以将K线划分为分钟K线（如5分钟K线、15分钟K线、30分钟K线以及60分钟K线等）、日K线、周K线以及月K线等，用来分析短期、中期以及长期的股票发展趋势。

（2）根据形态划分

按照K线的形态可以将K线划分为阴线、阳线以及同价线3种类型，主要是通过实体部分的大小来进行划分，分为大阴线、中阴线、小阴线、小阴星，以及大阳线、中阳线、小阳线、小阳星，如图5–2所示。

图5-2 K线的形态分类

◆ 小阴星和小阳星的股价波动范围在0.5%左右。

◆ 小阴线和小阳线的股价波动范围一般在0.6%～1.5%。

◆ 中阴线和中阳线的股价波动范围一般在1.6%～3.5%。

◆ 大阴线和大阳线的股价波动范围在3.6%以上。

NO.072 如何看懂 K 线

既然 K 线能够充分展示股价的变化趋势，分析股票强弱，以及买卖双方力量的变化等信息，显得如此重要，那么 K 线应该如何来看呢？怎样才能够查看到 K 线中蕴藏着的秘密呢？股民可以从 4 个要点入手，如表 5-1 所示。

表 5-1　K 线的分析要点

要点	内容
看位置	即便是相同形态的 K 线，如果所处的位置不同，那么其表示的含义也是不同的。例如，吊线出现在高位则表示见顶，但是如果吊线出现在低位则表示见底
看阴阳	K 线的阴阳表示多空双方博弈过程中是否占优势的情况，例如阳线代表多方占据优势，阴线表示空方占据优势
看实体大小	K 线的实体大小代表 K 线的内在动力，实体越大说明上涨或下跌的动能越明显，反之则不明显。阳线的实体越大，说明上涨动力越强，阴线实体越长，说明下跌动力越强
看影线长短	K 线某一方向的影线越长，越不利于股价向这个方向变动。上影线越长，越不利于股价上涨；下影线越长，越不利于股价下跌。当 K 线的实体大小变化不大，而上下影线越来越长，说明市场中多空双方之间的分歧越来越大
看 K 线的组合	在查看 K 线的过程中，除了单根 K 线之外，为了更加精准地分析趋势变化，通常需要结合两根或多根 K 线进行组合查看

5.2 了解单根 K 线形态及其意义

股价变化无常，形成的 K 线形态也非常多，其中一部分特殊形态的单根 K 线具有特殊意义，只要股民抓住了其特殊意义就能掌握股市，预判后市的变化。

NO.073 阳线的基本形态

阳线表示买盘较强、卖盘较弱，根据其实体部分的大小不同和上下影线的长短不同组成了不同的形态，其中常见的基本形态如表 5-2 所示。

表 5-2 阳线常见的基本形态

名称	形态	内容
全秃大阳线		开盘价与最低价相同，收盘价与最高价相同，没有上下影线，表示市场内多方占据绝对主力，涨势强烈
大阳下影线		收盘价与最高价相同，有小段下影线，多方交战，先跌后涨。下影线越长，表示下档多头力量越大
大阳上影线		开盘价与最低价相同，有小段上影线，多空交战，多头占据优势。但涨后遭遇压力，后市可能出现下跌。上影线越长，表示上档空头压力越大，实体部分的长短代表多空力量的强弱
小阳线		上下影线长度基本相同，表示多空双方争夺激烈，但多方稍微占据优势，但是上攻乏力
长上影阳线		长上影阳线的上影线很长，至少是实体的两倍，表示多方仍然处于优势，但已处于末期，是强烈的反转形态
长下影阳线		长下影阳线的下影线很长，至少是实体的两倍，表示多方仍然处于优势，同时多方买盘不断加入，推高股价。此形态如果出现在行情底部，是强烈的反转信号

NO.074 阴线的基本形态

阴线表示卖盘较强，买盘较弱。常见的阴线基本形态，如表 5-3 所示。

表 5-3 阴线常见的基本形态

名称	形态	内容
全秃大阴线		开盘价与最低价相同，收盘价与最高价相同，没有上下影线，表示市场内空方占据绝对的主力，股价持续走跌
大阴下影线		开盘价与最高价相同，有小段下影线，这样的形态表示空方占据优势，但是下方价位买盘很大，有反转的意味，应该引起警惕
大阴上影线		开盘价与最低价相同，有小段上影线，股价稍作上扬即被拉回，表示空方力量占据优势，上档卖盘强劲。其中，上影线的长度越长，表示空方的力量就越大
小阴线		上下影线长度基本相同，表示多方双方争夺激烈，但空方仍然占据一定的优势，同时多方的力量也不可小觑
长上影阴线		上影线很长，至少是实体长度的两到三倍，此形态表示空方处于优势。如果出现在股价顶部，则为强烈的反转信号，应该引起注意
长下影阴线		下影线很长，至少是阴线实体长度的两到三倍，此形态表示空方仍然处于优势，但已经处于强弩之末，是比较强烈的反转形态。如果出现在股价的底部，则反转的意义更强烈

NO.075 掌握无实体的 K 线形态

除了阴线和阳线之外，我们在股市 K 线图中还经常会看到一些没有实体的线形 K 线图，股民也需要了解认识。常见的有如图 5-4 所示的几种基本形态。

表 5-4　常见的无实体的线形 K 线图

名称	形态	内容
十字线	┼	开盘价与收盘价相同，多空双方势均力敌，如果此形态出现在顶部或底部，是强烈的反转形态；如果出现在长期盘整时期，是强烈的突破信号
长下影线十字线	┼	开盘价与收盘价相同，下影线很长，表示多方力量占据优势，应该密切关注后期 K 线形态发展
长上影线十字线	┼	开盘价与收盘价相同，上影线很长，表示空方力量占据优势，应该密切关注后期 K 线形态发展
T 字线	┬	开盘价、收盘价与最高价相同，收盘价下方多方买盘积极，此价位多方有很强的支撑。如果底部出现此形态为强烈的反转信号
倒 T 字线	┴	开盘价、收盘价与最低价相同，收盘价上方空方卖盘积极，此价位空方有很强的支撑。如果顶部出现此形态为强烈的反转信号
一字形	—	开盘价、收盘价、最高价与最低价都相同，此形态极少出现，一旦出现就是暴涨或暴跌的预兆

5.3 买入信号的 K 线形态

对于单根 K 线的分析只能理解其含义，但在实际的投资中其指导意义并不大，在真正的炒股实践中还是要分析由单根 K 线组合而成的 K 线图的含义，例如一些常见的 K 线买入信号，一旦抓住就可以帮助股民获得不菲的收益。

NO.076 早晨之星

早晨之星，顾名思义就是太阳还未升起时，黎明前最黑暗的时刻，一颗明亮的启明星，引导人走向光明。因此，具有这样形态的股票后市必然被人看好。

早晨之星由 3 根 K 线组成。第 1 根 K 线为长久的下跌趋势中出现的一根实体修长的阴线；第 2 根 K 线是一个小阳线或者小阴线；第 3 根 K 线是一根大阳线，并且第三日的收盘价必须大于第一个形态表示的收盘价。该形态是最佳的买入信号，如图 5-3 所示为早晨之星示意图。

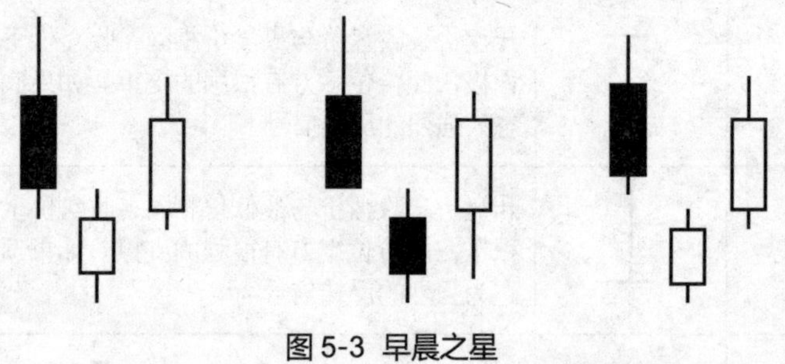

图 5-3 早晨之星

早晨之星是典型的底部形态，通常出现在股价连续大幅下跌和数浪下跌的中期底部或大底部，一旦此信号出现表明股价已经没有下跌的空间，多空力量对比已开始发生转变，一轮上升行情已经开始了。

实例分析

出现早晨之星形态买入深康佳 A(000016)

如图 5-4 所示为深康佳 A 在 2018 年 7 月 ~12 月的 K 线走势，从图可以看到深康佳 A 的股价在 10 月之前一直处于下跌走势，在 10 月 19 日时出现跳空低开收出小阳线，次日放出大阳线报收拉高股价，这三日的 K 线形成早晨之星组合形态，在股价下跌之后出现该形态，预示后市股价将呈现上涨，此时为一个较好的短期买入信号。

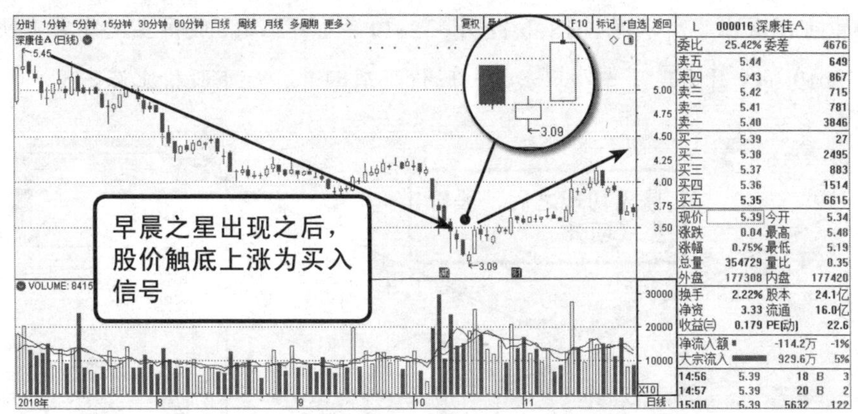

图 5-4 深康佳 A 在 2018 年 7 月 ~ 12 月的 K 线走势

NO.077 曙光初现

曙光初现是由两根 K 线组成的见底反弹信号，其中第 1 根 K 线为实体较大的阴线，第 2 根 K 线为跳空低开后反弹实体较大的阳线，且该阳线收盘价高于第 1 根阴线实体 1/2 以上的位置，如图 5-5 所示为曙光初现的示意图。

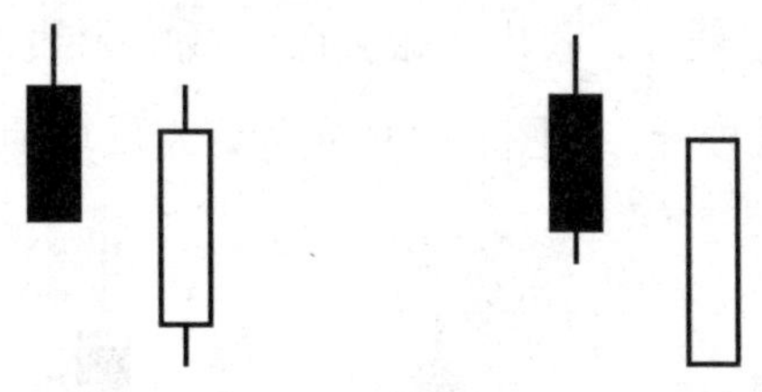

图 5-5 曙光初现

在股价下跌一定的幅度之后出现该形态，则预示股价后市看涨。其中阳线实体深入阴线实体的部分越多，则转势的信号就越强。

实例分析

出现曙光初现形态买入华新水泥（600801）

如图 5-6 所示为华新水泥 2018 年 11 月 ~ 2019 年 3 月的 K 线走势。从图中可以看出华新水泥 2018 年 11 月～2019 年 1 月上旬，股价呈现震荡下跌，在 2019 年 1 月出现曙光初现形态，股价见底回升，后市股价上涨。

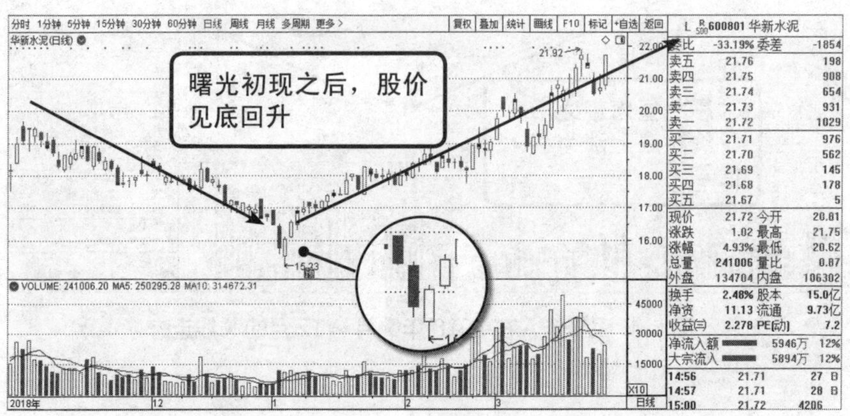

图 5-6 华新水泥 2018 年 11 月～2019 年 3 月的 K 线走势

NO.078 好友反攻

好友反攻出现在下跌趋势中，由一阴一阳两根 K 线组成，第 1 根 K 线是大阴线，接着跳空低开，收出 1 根大阳线或中阳线，阳线收盘价与前 1 根阴线收盘价相同或接近，如图 5-7 所示为好友反攻示意图。

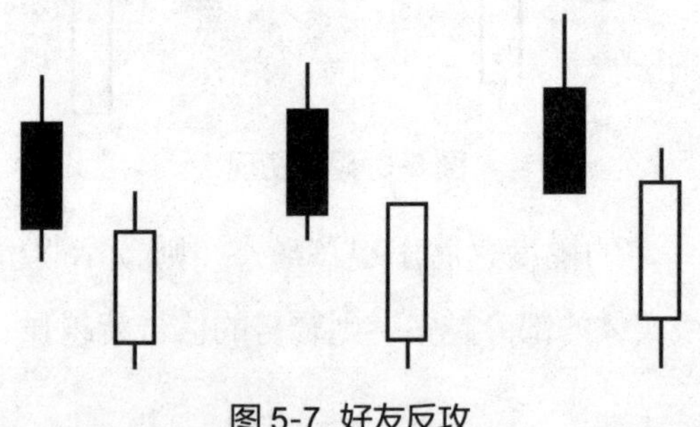

图 5-7 好友反攻

好友反攻与曙光初现相似，也是见底信号，后市看涨，不过相较于曙光初现信号更弱一些。

实例分析

出现好友反攻形态买入潍柴重机（000880）

如图5-8所示为潍柴重机2017年11月~2019年3月的K线走势，从图中可以看到潍柴重机的股价从2017年11月一直处于下跌走势，虽然2018年2月有过短暂的回升，但维持一段时间的横盘走势之后便继续下跌。在2018年10月11日收于一根大阴线，10月12日收于一根阳线，同时两日的收盘价持平，两日的K线形成典型的好友反攻K线组合形态，随后股价开始稳步回升。

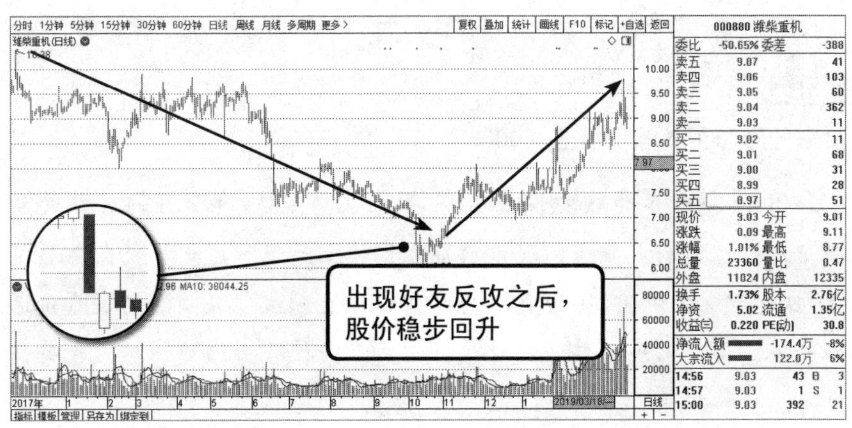

图5-8 潍柴重机2017年11月~2019年3月的K线走势

NO.079 旭日东升

旭日东升的意思是黑夜过去，光明来临，转势信号比较强烈。旭日东升是见底信号，后市止跌回升是大概率事件。

旭日东升由两根K线组合而成，第1根K线为中阴线或大阴线，第2根K线为高开高走的中阳线或大阳线，并且阳线的收盘价超过了前一根大阴线的开盘价。如图5-9所示为旭日东升示意图。

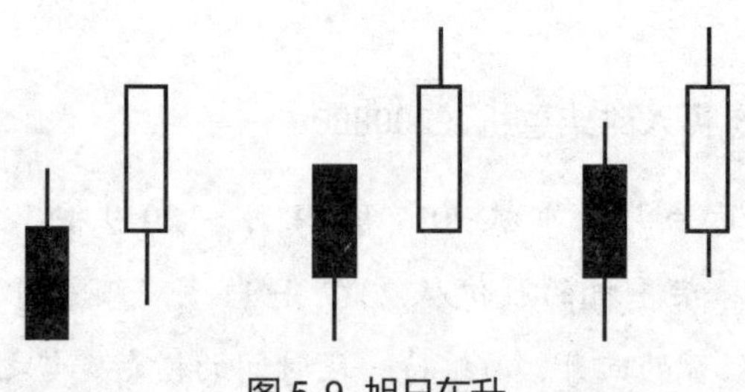

图 5-9 旭日东升

旭日东升组合出现在连续下跌的过程中，形成短期底部和阶段性底部的可能性较大，见底并不意味着马上涨，只是跌不下去。通常来说，第 2 根 K 线的实体越长，成交量越大，后市反弹的力度就越强。

实例分析

旭日东升形态买入顺发恒业（000631）

如图 5-10 所示为顺发恒业 2018 年 11 月 ~ 2019 年 3 月的 K 线走势，从图中可以看到顺发恒业的股价前期在整体上呈现下跌走势。在 2019 年 1 月 31 日收于一根中阴线，2 月 1 日收于一根大阳线，且阳线的收盘价远超阴线的开盘价，形成典型的旭日东升形态。此信号为强烈的买入信号，后市股价看涨。

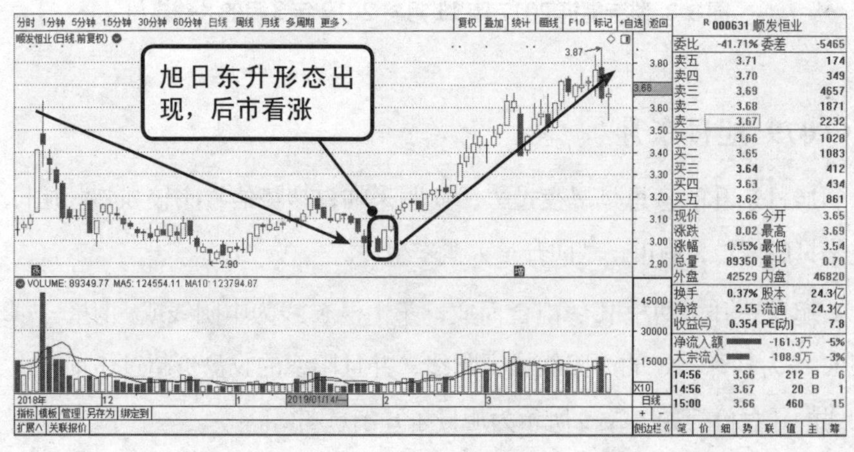

图 5-10 顺发恒业 2018 年 11 月 ~ 2019 年 3 月的 K 线走势

NO.080 底部穿头破脚

底部穿头破脚由两根K线组合而成，即第2根阳线将第1根阴线的实体从头到脚全部包含在里面了，俗称阳包阴。底部穿头破脚为强烈回升的信号，如图5-11所示为底部穿头破脚示意图。

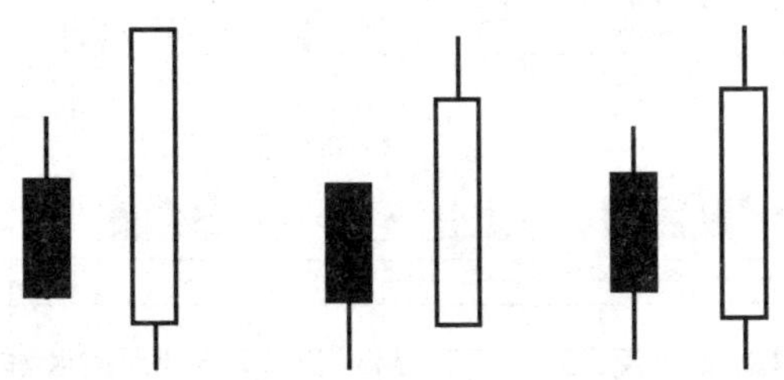

图5-11 底部穿头破脚

这种转势信号的强烈，与下面的因素有关。

- ◆ 穿头破脚两根K线的长度越悬殊，转势的力度就愈强。
- ◆ 第二根阳线包容前面的K线愈多，转势机会就越大。
- ◆ 在跌势末段中出现穿头破脚的阳线越大，趋势逆转的可能性就越大。
- ◆ 若连续两个或者更多穿头破脚出现，则后期形式趋势力度将更大。

实例分析

出现底部穿头破脚形态买入奥士康（002913）

如图5-12所示为奥士康2018年11月～2019年3月的K线走势。从图中能够可以看到奥士康的股价从2018年11月到1月底呈现下跌走势。在1月29日低开低走收于一根中阴线，1月30日呈现低开高走，阳线实体与前一天的阴线实体表现包围关系，形成底部穿头破脚形态，后市表现强势上涨。

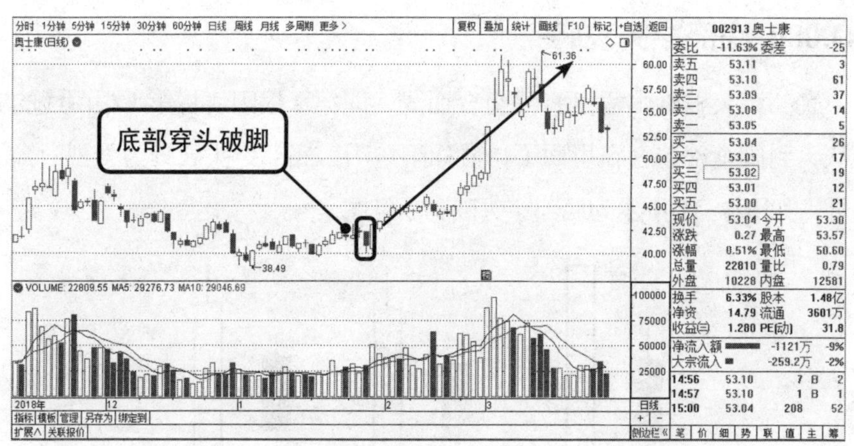

图 5-12 奥士康 2018 年 11 月 ~ 2019 年 3 月的 K 线走势

NO.081 上升三部曲

上升三部曲通常出现在上涨途中，由大小不等的几根 K 线组成。标准形态的上升三部曲是由 5 根 K 线组成，第 1 根 K 线和第 5 根 K 线形态为大阳线或中阳线，小中有 3 根小阴线，3 根小阴线呈现向下的阶梯状，但是都没有跌破第 1 根阳线的开盘价，5 根 K 线排列组成“N”形，如图 5−13 所示为上升三部曲示意图。

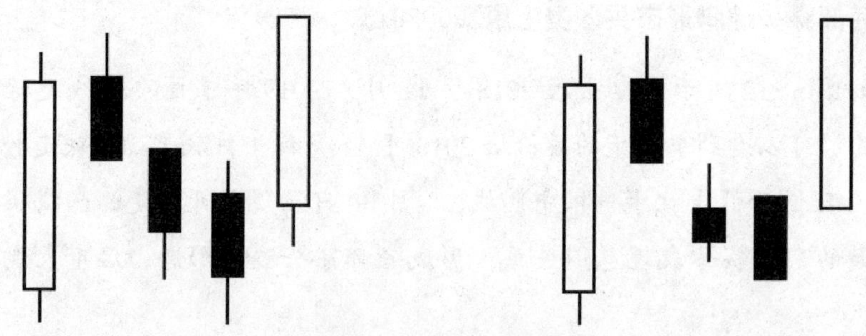

图 5-13 上升三部曲

出现上升三部曲一般说明多方在积蓄力量，伺机上攻。因此，见到此种形态时，不要认为三连阴后股价会转弱。此图形出现后，要注意观察股价的下一步走势，倘若发现股价向上运行，并伴随成交量的放大，投资者就要积极跟进做多。

实例分析

出现上升三部曲形态买入老百姓（603883）

如图5-14所示为老百姓2018年11月～2019年3月的K线走势，由图可以看到股价从11月底到1月初呈现下跌，而1月4日之后股价开始拉升，表现出缓慢上升的形态。在2月18日，该股放量收出大阳线，拉高股价，随后连续3日出现下跌走势，但是并没有跌破2月18日的开盘价，在2月22日时，股价放量收出大阳线。从这几日的K线组合可以判断其为上升三部曲形态，后市股价将持续上涨，是较好的买入时机。

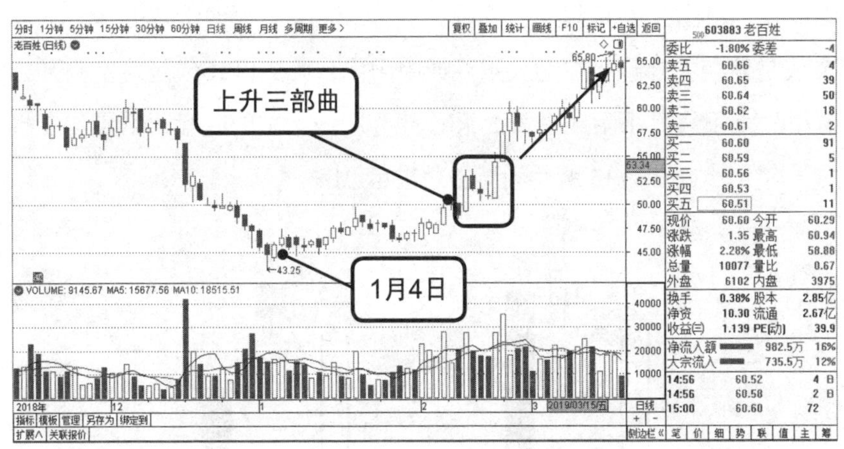

图5-14 老百姓2018年11月～2019年3月的K线走势

小贴士 *上升三部曲的实际操作要点*

在实际的操作中需要注意，上升三部曲中间的小阴线不一定是3根，也可能是4根、5根，或者是多根，还有可能出现小阴线和小阳线交替的情况，但是只要没有跌破第1根大阳线或中阳线的开盘价，最后形成“N”形的都可以认为是上升三部曲。

5.4 卖出信号的 K 线形态

找准卖出的信号，高价卖出，股民可以获得不菲的收益。但是如果错失良机，很有可能出现损失惨重，甚至被套牢的情况。因此，把握股票的卖出时机非常重要。

NO.082 黄昏之星

黄昏之星又称为“暮星”，是一种类似早晨之星的 K 线组合形式，可以认为是后者的翻转形式，因此黄昏之星在 K 线图中出现的位置也与后者完全不同。

黄昏之星由 3 根 K 线组合而成，它表示股价回落，是卖出信号。第 1 根 K 线是处在上升趋势中的大阳线或中阳线，第 2 根 K 线是跳空高开，实体短小的小阳线或小阴线，第 3 根 K 线为阴线，它的收盘价低于第 1 根 K 线的开盘价，如图 5-15 所示为黄昏之星示意图。

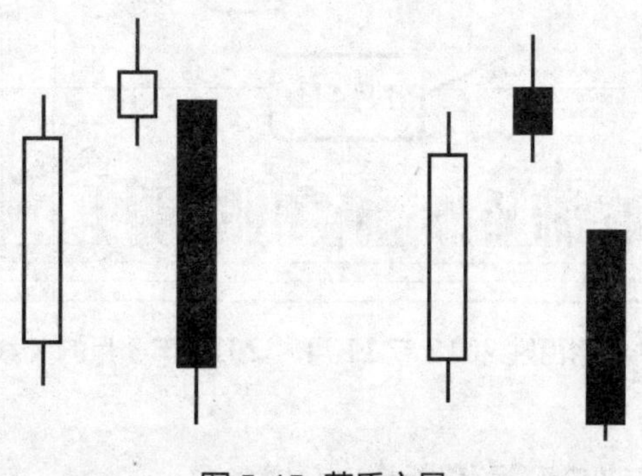

图 5-15 黄昏之星

实例分析

出现黄昏之星形态卖出顶点软件（603383）

如图 5-16 所示为顶点软件 2018 年 2 月～9 月的 K 线走势，从图中可以看到，顶点软件的股价在2018年3月～4月初这段时间一直表现缓慢上升行情，在4月11日，股价持续放量，以10.00%的涨幅报收拉高股价。第二天，股价跳空高开，收出带长下影线的小阳线。4月17日，股价低开低走，以跌幅−10.00%报收。这三日的K线组合呈现黄昏之星的形态，股价升到一定的高度之后，在高位表现出该形态，说明股市中多方势能逐渐减弱，股价将见顶回落，后市看跌。

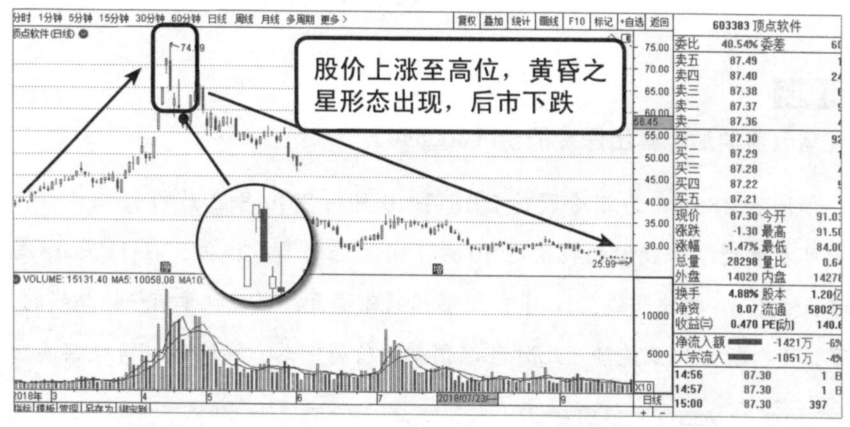

图5-16 顶点软件2018年2月～9月的K线走势

NO.083 乌云盖顶

乌云盖顶与曙光初现的形态刚好相反，它通常出现在上升的行情中，是常见的见顶回落图形，是一个强烈的卖出信号。

乌云盖顶由两根K线组成，第1根K线是大阳线或者中阳线，第2根K线是高开低走的阴线，且第2根K线应高开于第1根K线的最高价之上，但收盘价应大幅回落，且深入到第1根K线实体部分。第2根K线实体深入第1根K线实体中越多，说明行情见顶回落的可能性越大。如图5-17所示为乌云盖顶示意图。

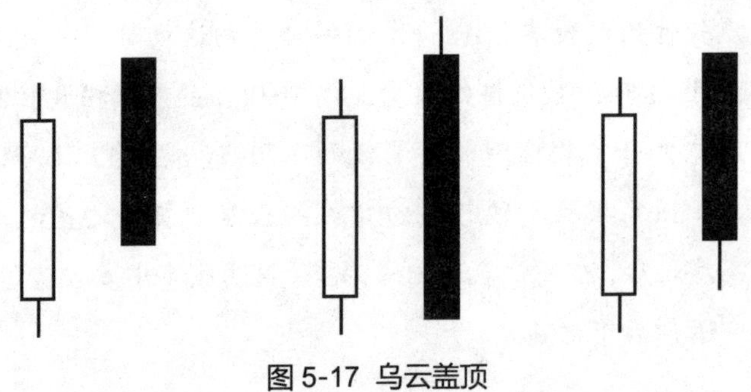

图 5-17 乌云盖顶

实例分析

出现乌云盖顶形态卖出深冷股份（300540）

如图 5-18 所示为深冷股份 2018 年 10 月 ~ 2019 年 2 月的 K 线走势，从图中可以看到深冷股份的股价在 10 月下旬上涨到高价位区，在 11 月 13 日股价以涨幅 4.35% 收出阳线，11 月 14 日股价跳空高开，当日收于前一根阳线的 1/2 以下，可判断为乌云盖顶。此时可以预测股价将回落，股民可以将股票卖出。

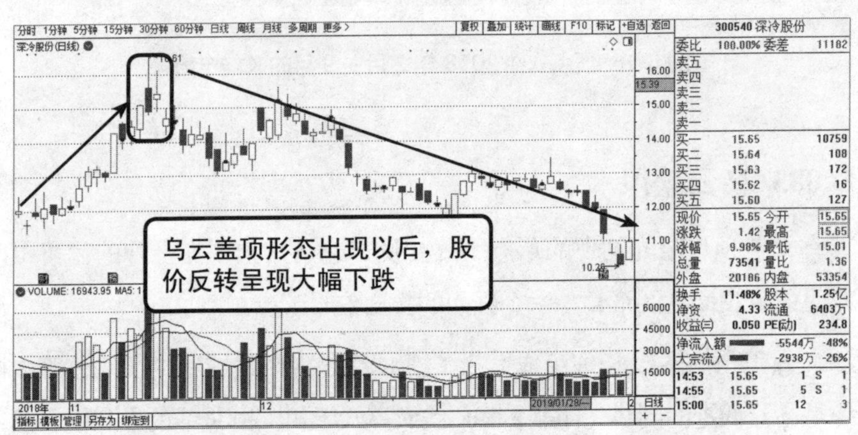

图 5-18 深冷股份 2018 年 10 月 ~ 2019 年 2 月的 K 线走势

NO.084 双飞乌鸦

双飞乌鸦又称“树上二鸦”，是由一根大阳线和两根向上跳空开盘且呈抱线形态的阴线组成的图形。第1根K线为小阴线，且它的实体要高于前一日K线的实体，并形成缺口，第2根K线为大阴线或中阴线，且其实体向下深入的部分较长，如图5-19所示为双飞乌鸦示意图。

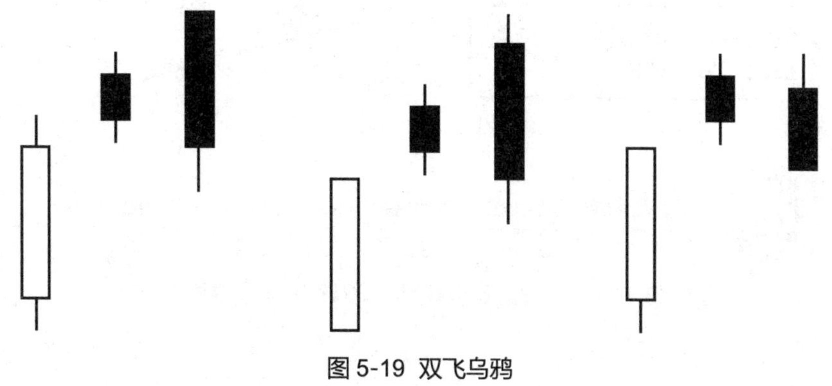

图5-19 双飞乌鸦

双飞乌鸦一旦出现，股民可先获利了结或止损出局，其较好的获利点与止损点为双飞乌鸦的第2根阴线形成的临收盘前，或形态出现之后一两天之内的小阴线或小阳线时。

实例分析

双飞乌鸦形态出现卖出越博动力（300742）

如图5-20所示为越博动力2018年6月～2019年1月的K线走势，从图中可以看到该股的股价从2018年7月开始表现下跌。6月29日，股价高开低走收出大阳线，第2天却出现跳空高开低走的小阴线，第3天仍继续高开收出大阴线，且第2根阴线与第1根阴线相比实体增长。

在股价上涨的行情中出现这两根K线形成了典型的双飞乌鸦组合形态，投资者应当规避风险，及时获利了结。双飞乌鸦两根阴线成交量越大，后市下跌动能越强，而后一根阴线实体越大，下跌空间可能越深，是强烈的回落信号，预测后市行情下跌。

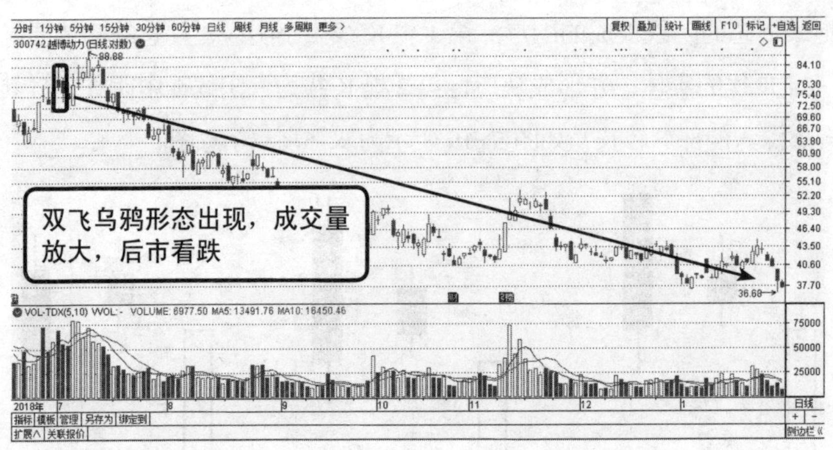

图 5-20 越博动力 2018 年 6 月 ~ 2019 年 1 月的 K 线走势

NO.085 大雨倾盆

大雨倾盆是由两根一阴一阳的 K 线组合而成。股价经过较长时间的上涨，某一日仍然处于上升过程中的阳线创下新高，但第二日出现低开低走的阴线，并且第 2 根阴线的开盘价处于前一根阳线的实体内，收盘价又低于前一日阳线的开盘价，第 2 根 K 线为中阴线或大阴线，如图 5–21 所示为大雨倾盆的示意图。

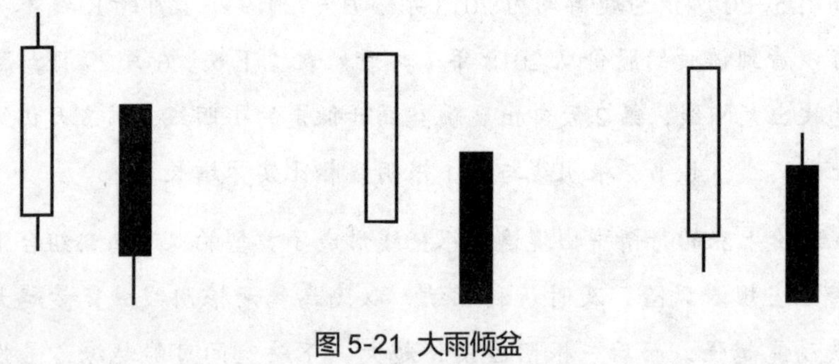

图 5-21 大雨倾盆

大雨倾盆形态在股市中是非常强烈的看跌信号，其后市下跌的可能性要高于乌云盖顶。乌云盖顶尚且只是乌云，还有被吹散的可能性，但是大雨倾盆已经下雨了，而且其阵势较大。所以股民见到这样的K线形态，建议锁定已有的收益，立即清仓离场。

实例分析

出现大雨倾盆形态卖出光一科技（300356）

如图5-22所示为光一科技2018年10月～2019年1月的K线走势，从图中可以看到光一科技股价从10月底到12月初呈现上涨趋势，12月5日股价以8.38元创下新高，以阳线报收。第二日突然出现低开低走，收盘价7.54元低于前一日的开盘价8.05元，以大阴线报收。两日的K线组合形成大雨倾盆形态，后市看跌。

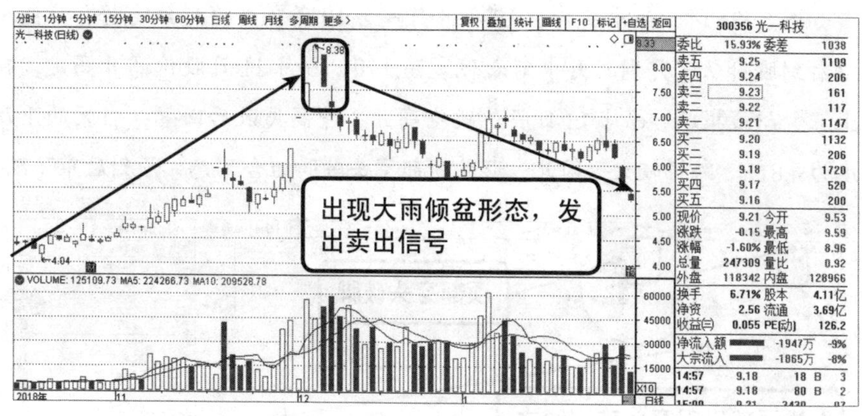

图5-22 光一科技2018年10月～2019年1月的K线走势

NO.086 顶部穿头破脚

顶部穿头破脚与底部穿头破脚恰好相反，它是出现在上升行情中的见顶回落信号。它由两根K线组合而成，第1根K线为阳线，第2根K线为阴线，并且阴线实体覆盖了前一根阳线实体的全部，俗称阴包阳。与第1根阳线相比，如果第2根阴线的实体越长，则说明股价下降的动力就越大，成交量越大，其股价回落的可能性也就越强。如图5-23所示为顶部穿头破脚示意图。

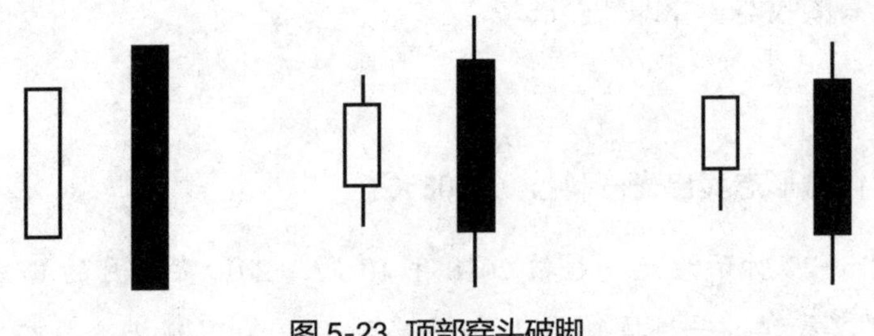

图 5-23 顶部穿头破脚

实例分析

出现顶部穿头破脚形态卖出永安行（603776）

如图 5-24 所示为永安行 2018 年 5 月～2019 年 3 月的 K 线走势，从图中可以看到股价从 5 月到 6 月中旬表现震荡上升，6 月 11 日股价高开高走，持续上涨，阳线报收，6 月 12 日股价跳空高开，冲高失败后回落，当天的下跌幅度为 4.81%，跌幅较大。因此，形成顶部穿头破脚组合形态，预测后市下跌。

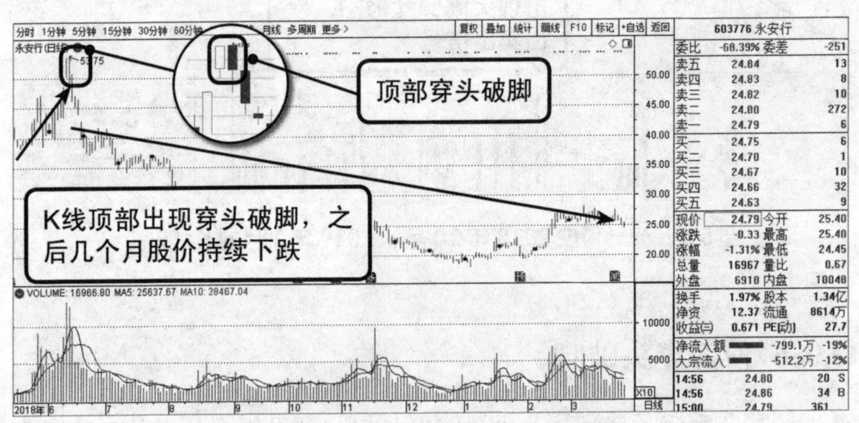

图 5-24 永安行 2018 年 5 月～2019 年 3 月的 K 线走势

NO.087 下降三部曲

下跌三部曲又叫作降势三鹤，其标准图形由 5 根 K 线组合而成，首先由一根较有力度的大阴线或中阴线开始，随后接连出现3根小阳线持续反弹，但3根小阳线的实体均包含在前一根大阴线的实体之内，3根小阳线的最高收盘价并没有向上突破第1根阴线的开盘价，紧接着股价再拉出一根较有力度的大阴线或中阴线向下破位，并一举跌破第1根大阴线或中阴线的收盘价位，股价再次创出整个K线组合的新低，如图5-25所示为下降三部曲示意图。

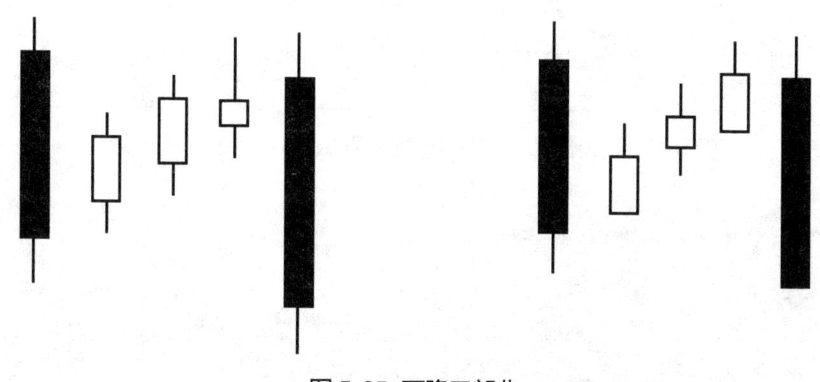

图5-25 下降三部曲

下跌三部曲出现时，预示股价将继续下跌，因此是重要的止损出局信号。最有效的止损位是在第2根大阴线出现之际股价击破第1根长阴线的收盘价时。

实例分析

出现下降三部曲形态卖出航天长峰（600855）

如图5-26所示为航天长峰2018年6月～2019年1月的K线走势，从图中可以看出航天长峰的股价在2018年6月为下跌趋势，在7月5日收以中阴线，在之后的3个交易日中股价开始表现出明显的回升，但在7月11日时，股价低开低走，收以中阴线。这几根K线组成了明显的下降三部曲形态，该形态预示后市股价将持续性的下跌，股民在利好的时候应及时卖出该股。

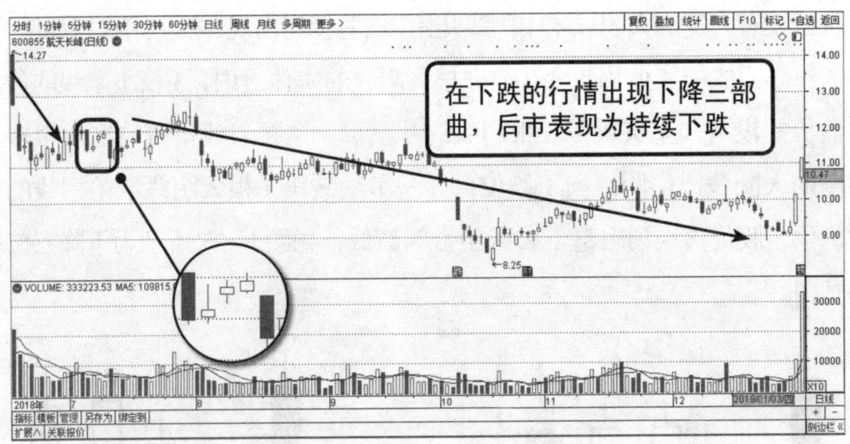

图 5-26 航天长峰 2018 年 6 月 ~ 2019 年 1 月的 K 线走势

小贴士 *下降三部曲的实际操作要点*

在实际的操作中，标准的下降三部曲 K 线组合形态并不多见，同时连接两根中阴线或大阴线的小 K 线并非一定就是 3 根小阳线，也有可能掺杂小阴线或十字星。另外，连接两根中阴线或大阴线之间的小 K 线的数量也不一定是 3 根，可以是 2 根、4 根、5 根或者是多根，这些都属于下降三部曲的衍生图形。一旦股民看到这些图形，就需要多加警惕。

第6章

长线发展下的K线组合形态

除了单根的K线以及K线组合之外，通过长期的K线发展，K线形成的不同组合形态也同样具有分析意义。这些形态有的具有持续发展意义，有的则具有反转意义。因此，分析这类形态也是非常重要的炒股手段。

6.1 三角形形态

三角形形态在实际的 K 线走势中经常出现在各个时间段，并且大多数时候属于中继形态。因此，在炒股实战中的分析价值较高，常作为研判行情的主要形态。它可分为 3 类，分别是对称三角形、上升三角形和下降三角形。

NO.088 对称三角形

对称三角形是由波峰和波谷相连而成的两根直线互相倾斜聚拢，交汇于右侧。这两条直线都可看作趋势线。由波峰相连而成的直线作为阻力线，由波谷相连而成的直线作为支撑线，阻力线与支撑线的相交处称为顶点。对称三角形通常有 6 个转折点，如图 6-1 所示为对称三角形示意图。

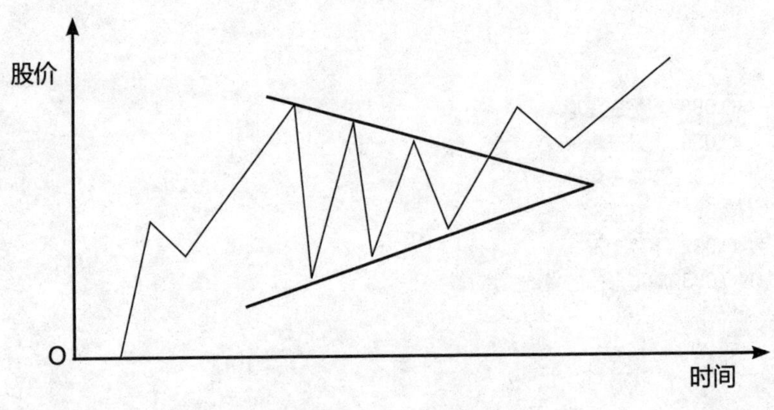

图 6-1 对称三角形

K 线走势中出现对称三角形是因为买卖双方的力量在该段价格区域内势均力敌，暂时性的达到平衡状态所形成。股价从第一个短期性高点回落，但是很快便被买方消化，推动价格回升；但是买方的力量对后市并没有太多的信心，所以股价还没回到上次高点便已经掉头，再一次下跌；在下跌的过程中持有股票的股民对股价仍然存有希望，所以回落的压力不强，股价还未回到上次的低点就开始回升。因为双方这种观望性的态度，使得股价上下波动的幅度越来越小，从而形成了这一形态。

一般来说，对称三角形属于整理形态，即股价会继续原来的趋势移动，只有当双方中的一方力量明显增强，打破这一关系之后才可以采取相应的买卖行动。如果股价向上冲破阻力点，则是一个短期买入信号；如果股价往下跌破支撑点，则是一个卖出信号。

实例分析

出现对称三角形形态的阳光股份（000608）

如图6-2所示为阳光股份2018年9月～2019年3月的K线走势，从图中可以看到阳光股份的股价前期处于下跌的过程，然后在10月中旬时开始拉高，11中旬时创下高点，然后回落，随后股价又被拉升，又回落。但是可以发现股价上升和下降的幅度都越来越小，最高点和最低点呈现收敛状态，形成对称三角形形态。之后股价向上冲破阻力，后市继续上升。

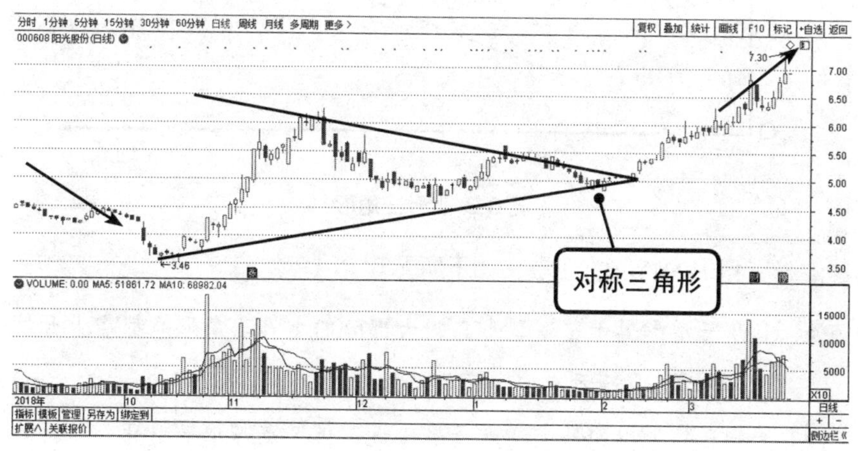

图6-2 阳光股份2018年9月～2019年3月的K线走势

NO.089 上升三角形

股价每次上升时，到了一定价位就遭到抛压，迫使股价向下，但由于市场看好该股，逢低吸纳的人很多，因此股价没有跌到上次的低点就开始弹升，致使下探低点越来越高。如果将每一次短期波动的高点用直线连接起来，再将每一次短期波动的低点用直线连接起来，就构成了上升三角形。

上升三角形显示出低点逐渐抬高，而顶部出现同一水平高度的趋势形态，未来股价趋势发展还将延续前期波段上涨的过程，如图 6-3 所示为上升三角形示意图。可以看出上升三角形比对称三角形更具有强烈的上升意识，多方比空方表现得更为积极。

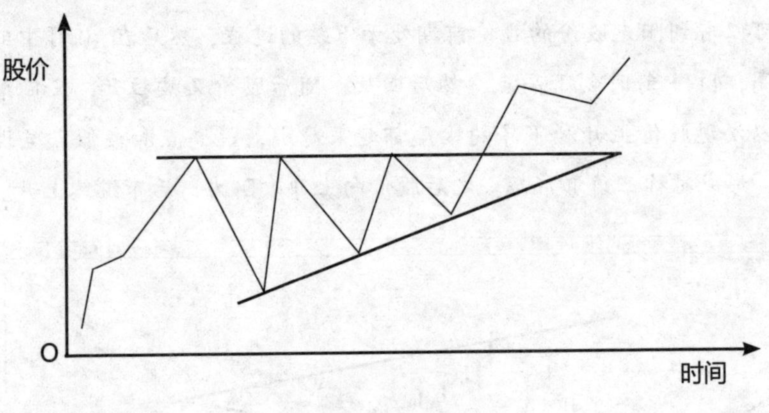

图 6-3 上升三角形

上升三角形的特征有 4 点，如下所示。

- 上升三角形属于整理型形态，大部分的上升三角形态都在上升的过程中出现，且暗示有向上突破的倾向。
- 上升三角形中的每个高点几乎接近，但低点却越来越高，即压力线是水平的，支撑线越来越高。
- 上升三角形在突破上边的压力线时，构成了一个短期买入信号，但向上突破必须有成交量配合。

◆ 上升三角形在形成之前，股价已经有了较大的涨幅。

实例分析

上升三角形形态买入福斯特（603806）

如图6-4所示为福斯特2018年9月～2019年3月的K线走势，从图中可以看到福斯特的股价前期整体向上缓慢拉升，走势虽然表现震荡波动，但股价向上一直处于一个水平位置，且向下回落的幅度也越来越小，形成上升三角形形态。股价在2019年1月下旬突破上升三角形形态，后市持续上涨。

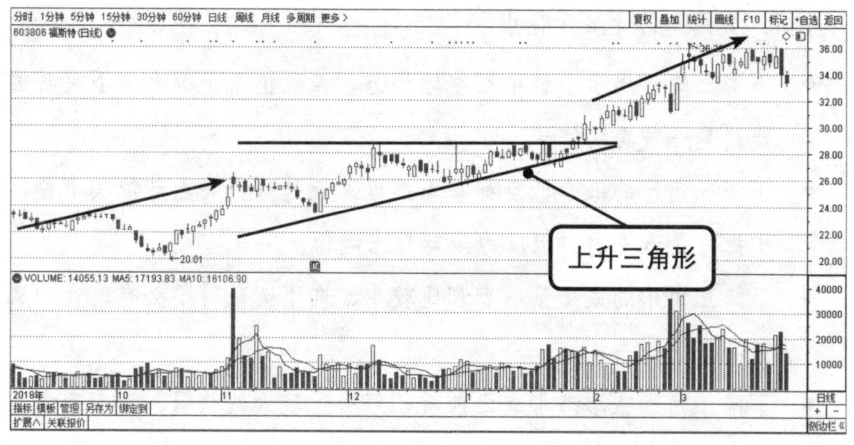

图6-4 福斯特2018年9月～2019年3月的K线走势

NO.090 下降三角形

下降三角形的形态与上升三角形正好相反，股价在下跌过程中，每一次下跌到一个价位就会反弹，各个低点连起来成一条支撑水平线，每次反弹的高点逐渐下移，各高点连线成了一条下降趋势线，它与水平线形成交叉，构成了一个向下倾斜的三角形，这就是下降三角形。如图6-5所示为下降三角形示意图。

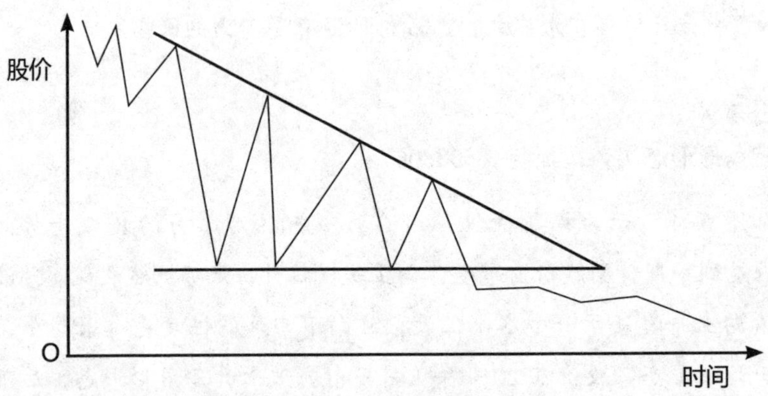

图 6-5 下降三角形

下降三角形有以下 5 个特点。

- 下降三角形属于一种中期整理形态，多数情况下都有向下突破的可能，是一种看跌信号。
- 下降三角形的每个低点都基本接近，但是每个高点却依次下移，即支撑线是水平的，但压力线却越来越低。
- 下降三角形的成交量一直都比较少，向下突破时不必有较大的成交量配合。
- 下降三角形在形态形成之前就已经有了较大的跌幅，一般来说从股价高位算起，至少下跌了 30%。
- 下降三角形整理时间一般是 15 ~ 30 个交易日，而且在形成过程中，成交量是逐渐减少的。

实例分析

下降三角形态卖出张家界（000430）

如图 6-6 所示为张家界 2018 年 5 月 ~ 2018 年 10 月的 K 线走势，从图中可以看到张家界的股价在 7 月之前一直处于下跌趋势中，虽然 7 月初有了短暂的回升，但是又迅速下降，之后重复这两种行为。其中，可以发现，股价上升的幅度越来越小，向下跌落的最低点处于一个水平线上，形成下降三角形形态。在9月12日时跌破下降三角形形态，后市继续下跌。

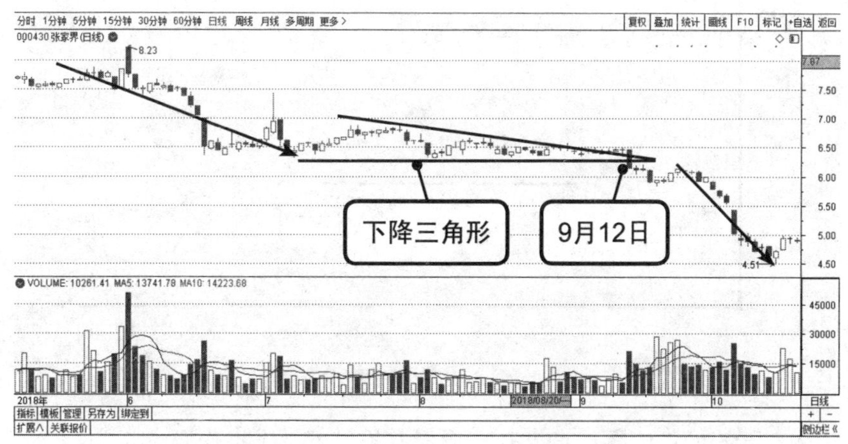

图6-6 张家界2018年5月~10月的K线走势

6.2 矩形形态

矩形又被称为“箱形”，可以将其简单地理解为将股价困在一个上有盖，下有底的箱子中，所以股价只能在其中上下来回运动。矩形形态是一种常见的整理形态，在上涨途中和下跌途中都有可能会出现，出现在上升途中的矩形为上升矩形，出现在下降途中的矩形为下降矩形，下面分别来介绍。

NO.091 上升矩形

在股价上升趋势中，当股价上到了某一个点后，再想向上拉升时遭受抛压。面对空方的反击，多方也不肯示弱，于是双方便在各自认定的点位进行重复性的买入、卖出动作，随着时间的延长，空方后继力量不足，便退出与多方的争斗，股价继续上升。如图 6-7 所示为上升矩形示意图。

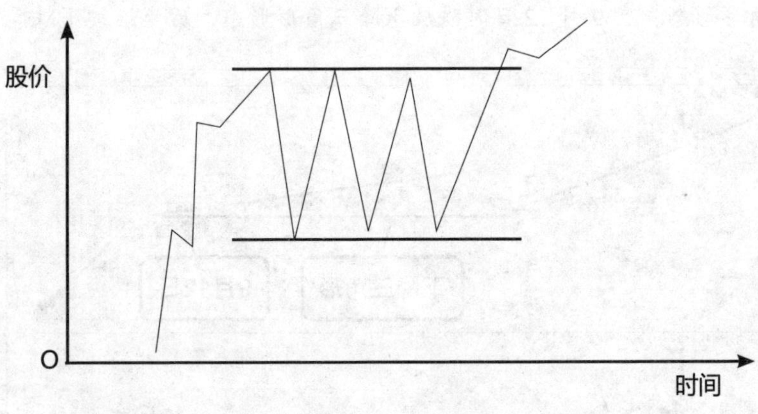

图 6-7 上升矩形

在实际的操作中需注意上升矩形形态的以下几个操作要点。

- 在上升趋势中，当股价向上突破矩形形态顶边的压力线，形成矩形上升有效突破后，通常意味着市场一条重要的压力线被突破，股价将开始新一轮的上升行情。
- 上升矩形有两个买入点，第一个买入点为上升矩形压力线被突破时；第二个买入点为股价突破颈线后回踩受到支撑，再度放量上攻时是相对安全的买入信号。
- 上升矩形形成的过程中，其成交量应该是不断减少的。如果在形态形成期间，有不规则的高成交量出现，则其形态可能会失败。当股价突破上升矩形的压力线时，需要成交量放大的配合，否则，其突破成功的可靠性就值得怀疑。

实例分析

出现上升矩形形态买入汇顶科技（603160）

如图 6-8 所示为汇顶科技 2018 年 7 月～2019 年 2 月的 K 线走势，从图中可以看到汇顶科技股价从 7 月开始一直处于上涨状态，且上涨趋势明朗。

到9月时开始出现来回震荡，且最高点和最低点的连线大致为两条平行线，形成标准的上升矩形形态。在2月13日时股价低开高走放量拉高股价触及压力线、随后股价逐步突破矩形形态的压力线，成交量相比于前期整理阶段的成交量出现相对放量，说明突破为有效突破，后市股价继续上升。

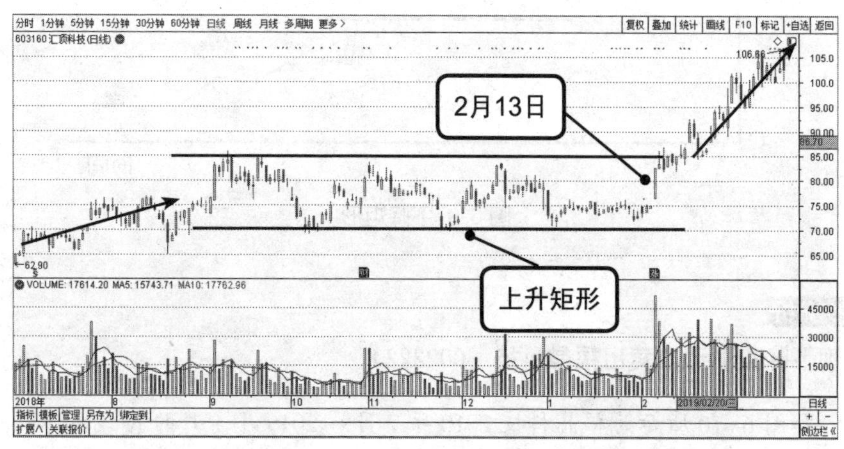

图6-8 汇顶科技2018年7月~2019年2月的K线走势

NO.092 下降矩形

下降矩形与上升矩形相反，股价前期一直为空方主导市场，股价表现持续下降。当股价下降到某一个点时，多方开始积极应对，买入股票，但是空方积极应对，于是双方便在各自认定的点位进行重复性的买入、卖出动作。但是随着时间的延长，多方后续力量不足，退出与空方的纠缠，后市股价表现继续下跌。

下降矩形一般出现在市场的中部或者底部，即股价反复在某一个矩形区域内上下震荡，在股价最终突破矩形的下边线时，意味着行情即将打破，股市将继续下跌，如图6-9所示为下降矩形形态示意图。

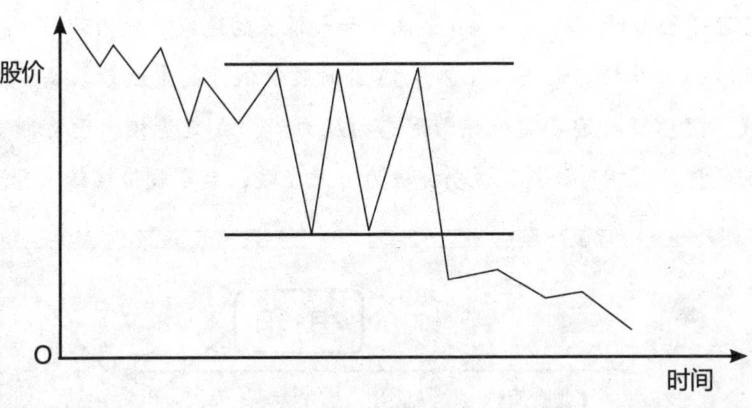

图 6-9 下降矩形

实例分析

出现下降矩形形态卖出福晶科技（002222）

如图 6-10 所示为福晶科技 2018 年 7 月～2019 年 1 月的 K 线走势，从图中可以看到福晶科技股价前期一直处于下跌行情，从 8 月底到 9 月呈现小幅横盘震荡，最高点维持在 12.20 元左右，最低点则维持在 11.51 元左右，最高点连线和最低点连线为两条大致平行的直线，即形成下降矩形，10 月 11 日股价以跌停板跌破下边线，预示后市股价将持续下降。

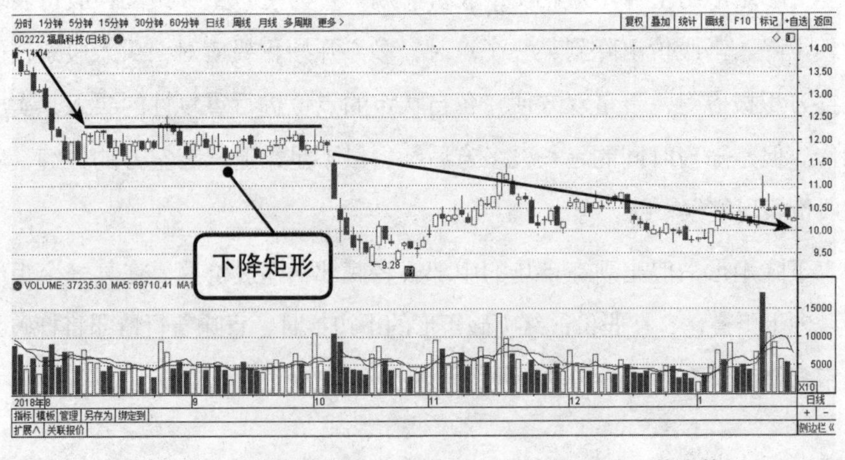

图 6-10 福晶科技 2018 年 7 月～2019 年 1 月的 K 线走势

6.3 旗形形态

旗形形态就像是挂在旗杆上的旗帜，通常在急速而又大幅波动的市场中出现。价格经过一连串紧密的短期波动后，形成一个稍微与原来趋势呈相反方向倾斜的长方形，这就是旗形走势。

NO.093 旗形形态的基础要点

旗形形态与三角形、矩形一样，也是一种常见的持续整理形态，但与它们不同的是，旗形形态的构成需要几个要点，具体如图6-11所示。

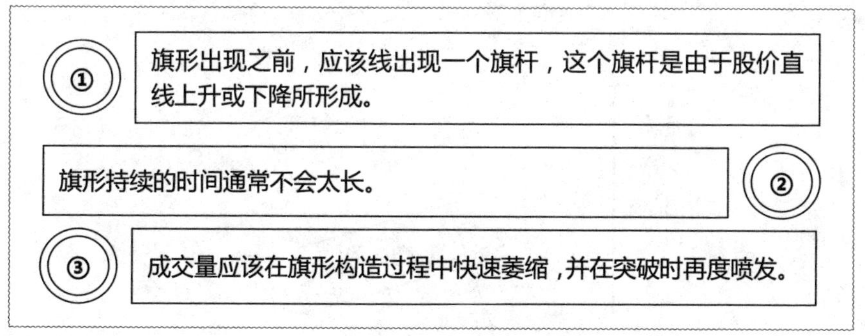

图6-11 旗形注意要点

旗形分为普通旗形和尖旗形，普通旗形就像一个小平行四边形，尖旗形就像一个小的对称三角形，如图6-12所示。本书以普通旗形为主进行讲解。

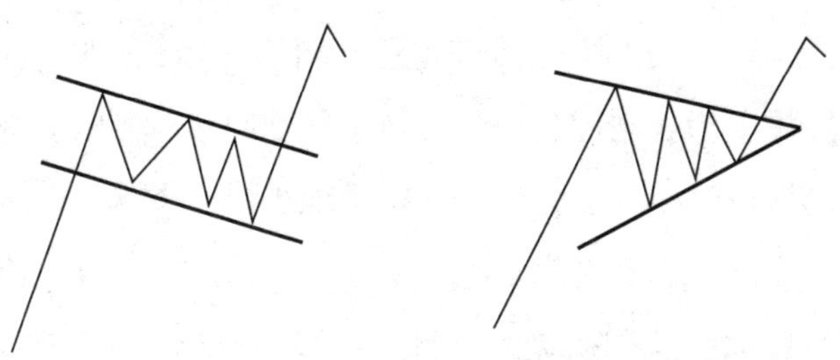

图6-12 普通旗形（左）和尖旗旗形（右）

NO.094 上升旗形

在股价上涨阶段中出现的旗形称为上升旗形。上升旗形的形态与上升矩形的形态相似，都是股价最高点连线和最低点连线形成两条平行的直线，但是不同的是，上升矩形的矩形是两条水平的直线，但是上升旗形的矩形则是有一定倾斜度的直线。

上升旗形的行程通常是股价经过一波的飙升之后，成交量放大后价格也受阻回落，小幅回调后便开始反弹，但反弹并没有创出新高就又出现回落，价格如此反复下移。将这下倾的整理运动的高点和低点分别连接起来就可以画出下倾的平行四边形，这就是上升旗形运动。如图 6–13 所示为上升旗形示意图。

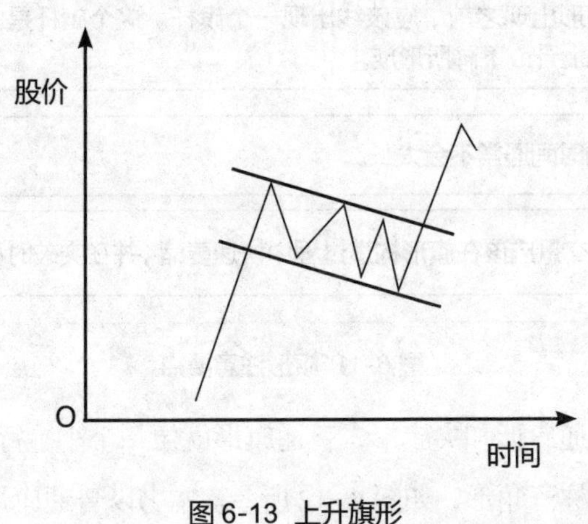

图 6-13 上升旗形

股价在直线上升的途中，成交量也逐渐增加，最后达到一个短期最高价。早先持有的股民因为获利而卖出，出现了获利回吐，所以上升遇到较大的阻力，追高力量暂时减弱了，价格开始呈现小幅度下跌，但是大部分的股民对于股价后市表现仍然充满信心，所以价格回落的速度不快，且回落的幅度有限。同时，成交量不断减少，下跌的幅度逐渐减轻，经过一段时间整理，在旗形整理末端价格放量上升，一举突破短期的高点下降压力线，价格又如形成旗形前移动速度一样再竖旗杆，这就是上升旗形的突破确立。

实例分析

出现上升旗形形态买入珀莱雅（603605）

如图6-14所示为珀莱雅2018年5月～2019年3月的K线走势，从图中可以看到珀莱雅股价在4月～7月一直呈现缓慢上升的趋势。在7月初时K线开始表现为大阳线，股价在短短几个交易日内被大力拉升，到7月中旬时股价开始震荡下跌，股价的高点和低点连线相互平行，方向向下倾斜，从而形成上升旗形。10月底，股价走势突破旗形，股价继续上升。

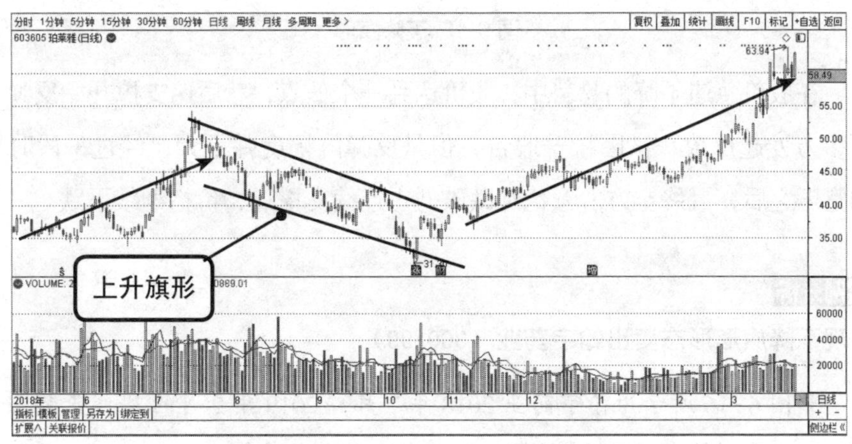

图6-14 珀莱雅2018年5月～2019年3月的K线走势

NO.095 下降旗形

在股价下跌的过程中出现的旗形则为下降旗形。下降旗形与上升旗形相反，它形成的形态是向上的，当股价跌破下边线（即支撑线）以后，股价继续表现下跌。

下降旗形是股价短期形成的一个略微向上倾斜的整理运动，将高点和低点分别连接起来的两条直线相互平行，这就是下降旗形运动。如图6-15

所示为下降旗形示意图。

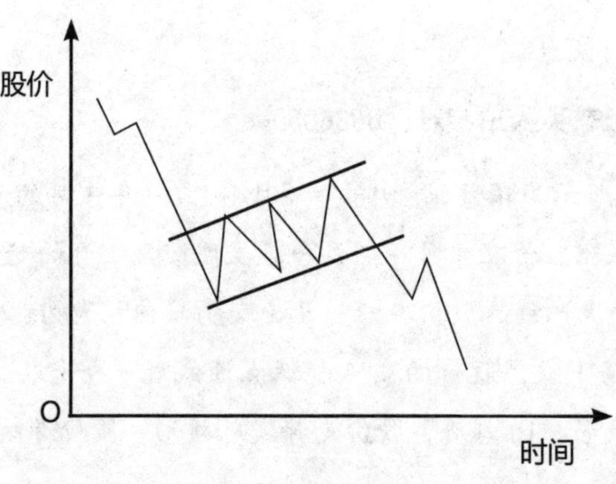

图 6-15 下降旗形

在股价急速下降的趋势中，股价达到一个低点，然后遇支撑开始反弹，即多方发起反攻，试图拉升股价，但是反弹的幅度并不大，经过一段时间的整理之后，最终空方占领优势跌破低点连续支撑点，价格继续下跌。

实例分析

出现下降旗形形态卖出翰宇药业（300199）

如图 6-16 所示为翰宇药业 2018 年 7 月 ~ 2019 年 2 月的 K 线走势，从图中可以看到翰宇药业的股价在 10 月前始终呈现下降。

在 10 月 19 日股价低开后一路高走，当日以涨停板报收形成大阳线，表明多方开始发起反击，试图拉升股价，但空方不甘示弱继续发力，股价随后下跌。因此，K 线呈现震荡发展，但股价反弹的幅度越来越低。其中高点与低点连线形成下降旗形形态，最终空方占据优势、股价跌破下降旗形支撑点，预示后市股价将继续下跌。

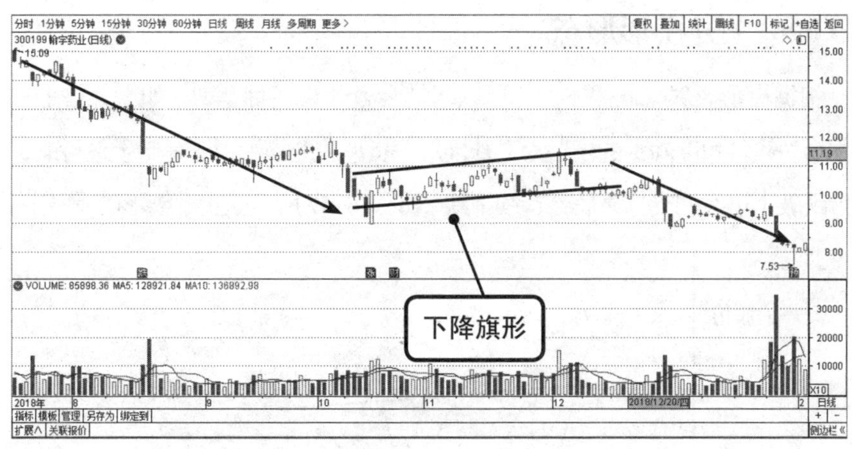

图6-16 翰宇药业2018年7月~2019年2月的K线走势

6.4 楔形形态

楔形形态与三角形、旗形形态相似，也可以将其看作是这两种形态的变形。楔形形态也是由一个旗杆和一个形态面形成，组成形态面的两个边向同一个方向在延伸运行，并且有明显的交叉角度。两条同向倾斜、相互收敛的直线分别构成股价变动的上限和下限，其中上限与下限的交点称为端点。

整个楔形形态在运行过程中反映出力度的明显减弱，具体体现在运动幅度的逐渐收窄。在大部分情况下，楔形形态的突破方向都与楔形本身运行方向相反。因而楔形通常代表股价在某方向运行的过程中遇到反方的抵抗，但最终仍取得胜利，股价继续沿原有的方向运行。因此，可以认为楔形形态是一种典型的中继形态。

NO.096 上升楔形形态

根据楔形倾斜方向的不同，可以将其大致分为两种类型，即上升楔形和下降楔形。倾斜角度向上的楔形为上升楔形，指形成的楔形形态是向上运行的，当股价跌破下边线的支撑之后会持续下跌，如图 6–17 所示为上升楔形的示意图。

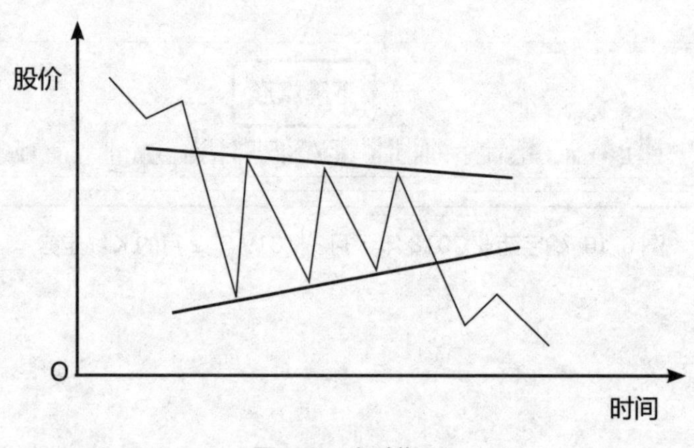

图 6-17 上升楔形

上升楔形表示在下跌的股价中出现继续上升的走势。虽然股价上扬，但是每一次的上升都被打击下跌，同时之后的每一次上升的幅度都较前一次减弱，最后当需求完全消失时，股价便反转回跌。

从表面上来看，角度向上代表多头趋势，但事实上并非如此，上升楔形形态的出现往往预示后市股价继续下跌，上升衰歇。上升楔形常常出现在股价下跌趋势的反弹阶段，属于整理形态，显示一次下跌之后技术性反弹，跌破下跌支撑点之后，股价将继续下跌。

实例分析

出现上升楔形形态卖出华菱精工（603356）

如图 6–18 所示为华菱精工 2018 年 7 月～2019 年 1 月的 K 线走势，从图中可以看到华菱精工的股价在 2018 年 9 月上旬之前一直表现下跌走势，股价运行至 9 月中旬时，多方开始反攻，股价开始反弹，随后空方开始加大力度，股价回落。随着多方和空方的激烈角逐，股价呈现反弹受阻后回落的震荡态势，虽然整体上形态呈现向上发展，但之后每一次的反弹的幅度相较于前一次减弱，形成明显的上升楔形形态。在经过3个月之后，股价跌破低点支撑，股价继续下跌。

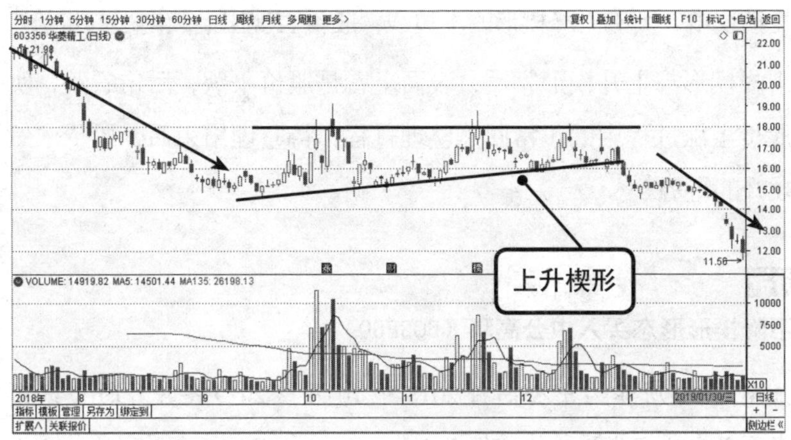

图6-18 华菱精工2018年7月～2019年1月的K线走势

NO.097 下降楔形形态

倾斜角度向下的楔形为下降楔形，这类楔形形态是向下运行的，当股价突破上边线的压力之后，股价会继续向上运行，如图6-19所示为下降楔形的示意图。

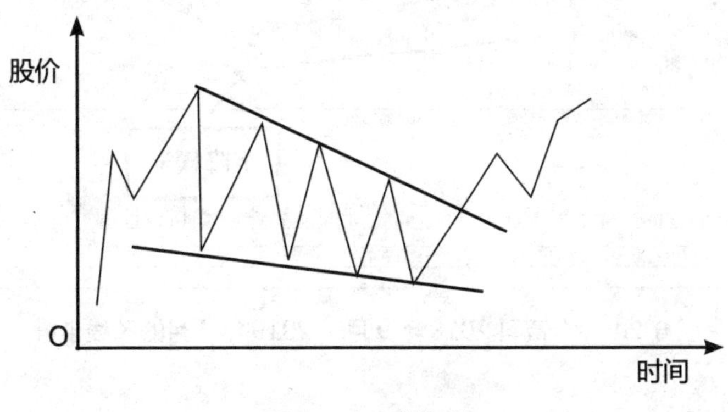

图6-19 下降楔形

下降楔形表示在原本上升的行情中，多方占据优势，随后空方力量加强，股价出现下跌，随后股价表现为反复上升后回落。虽然股价整体表现下跌，但是多方的力量并没有明显的增加，而空方的力量却开始逐步减弱，即便股价依然下跌，但是其下跌的幅度却逐渐降低，表示空方力量衰竭。随后，多方发动攻击，突破下降楔形的上边线，股价表现出继续向上的走势。

下降楔形与上升楔形相反，表面上看是股价下跌，后市看跌，实际上则是股价上涨过程中的正常回落整理过程，待整理结束后，股价依然保持上扬拉升的走势。

实例分析

出现下降楔形形态买入中公高科（603860）

如图 6-20 所示为中公高科 2018 年 10 月 ~ 2019 年 3 月的 K 线走势，从图中可以看到中公高科的股价在 10 月至 11 月中旬这个时间段处于上升走势，股价运行至 11 月中下旬的时候空方开始打压股价，股价出现回落，股价走势呈现上升后回落的态势，其态势大体上为向下发展，形成明显的下降楔形。在 1 月时，股价上行突破下降楔形，股价继续上涨。

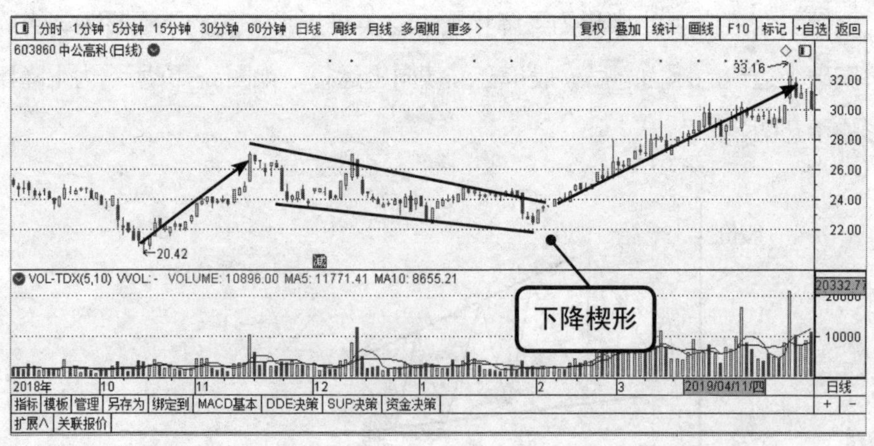

图 6-20 中公高科 2018 年 9 月 ~ 2019 年 4 月的 K 线走势

第7章

紧盯盘面信息，注意细节

股市行情千变万化，形态复杂难辨。投资者需要盯紧盘面，注意细节，从中获得真实、准确、有效的个股行情与信息，以便让自己的投资更稳妥，收益更高。本章就分时图与盘面进行介绍，帮助投资者分析研判个股走势变化。

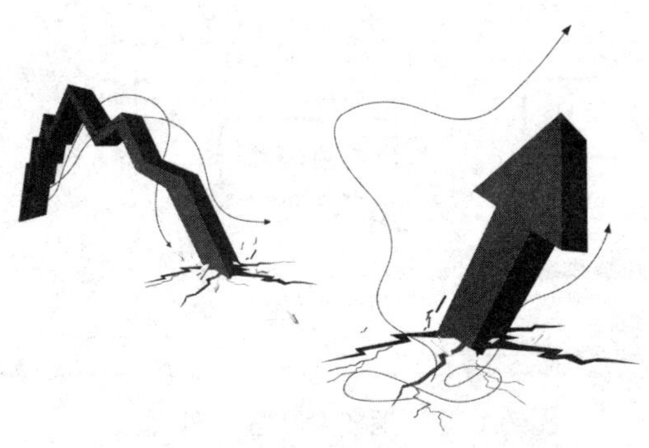

7.1 掌控分时图，清楚每笔交易

分时图指的是大盘和个股的动态实时分时走势图。分时图在炒股实战中对于研判大盘和个股的走向具有极其重要的作用，也是即时把握多空力量转变的根本所在。

NO.098 认识分时图

分时图与 K 线图相似，也是记录股价运行变化的一种图表形式。分时图分为大盘指数即时分时图和个股即时分时图，其中横坐标代表时间，纵坐标的上半部分显示价格或指数，下半部分显示成交量。

（1）大盘指数即时分时图

大盘指数即时分时图指的是大盘指数在一天内每分钟的动态走势图，反映的是大盘指数一天内的运行情况。大盘指数即时分时图由买盘比率（红色柱线）、卖盘比率（绿色柱线）、加权指标（白色曲线）和不加权指标（黄色曲线）4 个部分组成，图 7-1 所示为上证指数（999999）的即时分时图。

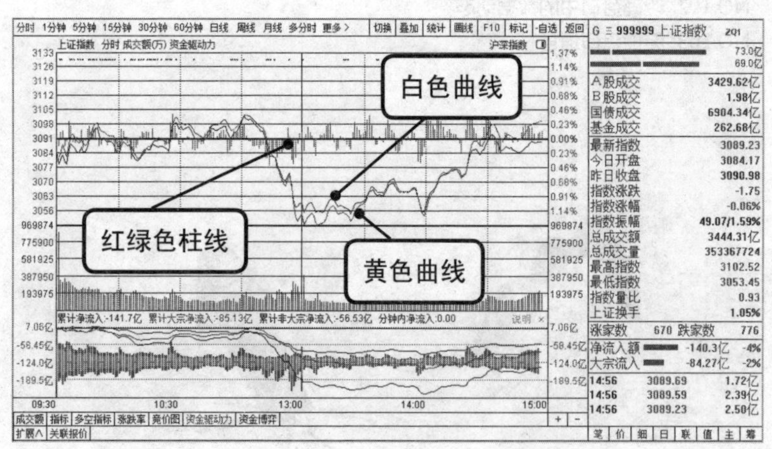

图 7-1 上证指数大盘指数分时图

大盘指数即时分时图的主要组成及其内容介绍，如表 7-1 所示。

表 7-1　大盘即时分时图走势图内容介绍

名称	说明
白色曲线	表示大盘加权指数，即证交所每日公布媒体常说的大盘实际指数
黄色曲线	大盘不含加权的指标，即不考虑股票盘子的大小，而将所有股票对指数影响看作相同而计算出来的大盘指数
红绿柱线	在黄白两条曲线附近有红绿柱状线，是反映大盘即时所有股票的买盘与卖盘在数量上的比率。红柱线的增长缩短表示上涨买盘力量的增减；绿柱线的增长缩短表示下跌卖盘力度的强弱
黄色柱线	在红白曲线图下方，用来表示每一分钟的成交量，单位是手（每手等于 100 股）

根据黄白线的位置可以得出：当大盘指数上涨时，黄线在白线之上，表示流通盘较小的股票涨幅较大；反之，黄线在白线之下，说明盘小的股票涨幅落后大盘股。当大盘指数下跌时，黄线在白线之上，表示流通盘较小的股票跌幅小于盘大的股票；反之，盘小的股票跌幅大于盘大的股票。

（2）个股即时分时图

个股即时分时图显示的是个股每分钟价格变动的动态图，它是研判个股当天走势的重要参考依据。

个股即时分时图由成交价曲线、平均价曲线和成交量柱线 3 个部分组成，如图 7-2 所示为平安银行（000001）的即时分时图。

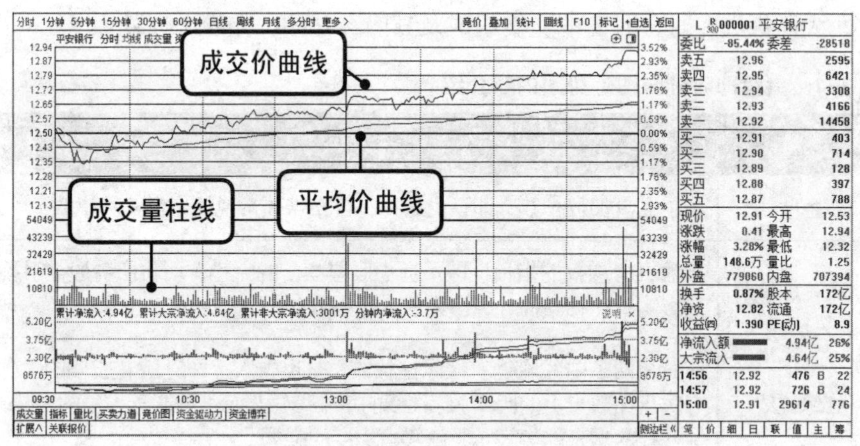

图 7-2 平安银行的即时分时图

个股即时分时图的主要组成及其内容介绍如表 7-2 所示。

表 7-2 个股即时分时图走势图内容介绍

名称	说明
成交价曲线	表示该种股票即时实时成交的价格，在分时图中显示为白色曲线
平均价曲线	表示该种股票即时成交的平均价格，也是当天成交总金额除以成交总股数，在分时图中显示为黄色曲线
成交量柱线	在红黄曲线图下方，用来表示每一分钟的成交量，在分时图中显示为黄色柱线
成交明细	在盘面的右下方为成交明细显示，动态显示每笔成交的价格和手数

NO.099 查看分时图中的成交明细

在股票行情分析过程中常常需要查看股票的历史走势，以及某些关键交易日的成交明细，从而判断筹码分布情况，预测股票后市的走向，下面具体介绍查看分时图中的成交明细的操作。

实例分析

查看神州高铁（000008）的成交明细

打开通达信软件，在行情页面输入代码000008，进入神州高铁日线K线走势图。选择需要查看的日期，将鼠标光标放在该股某根历史K线上，双击即可打开该股票当天的分时图对话格，如图7-3所示。

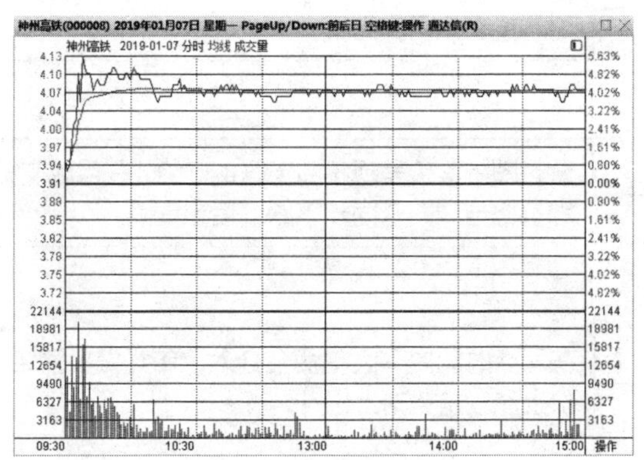

图7-3 神州高铁分时图

单击右上方的◧按钮，分时图右侧将显示股票当天的成交明细，如图7-4所示。成交明细由时间、单价、买入/卖出笔数组成，其中S为卖出，B为买入。

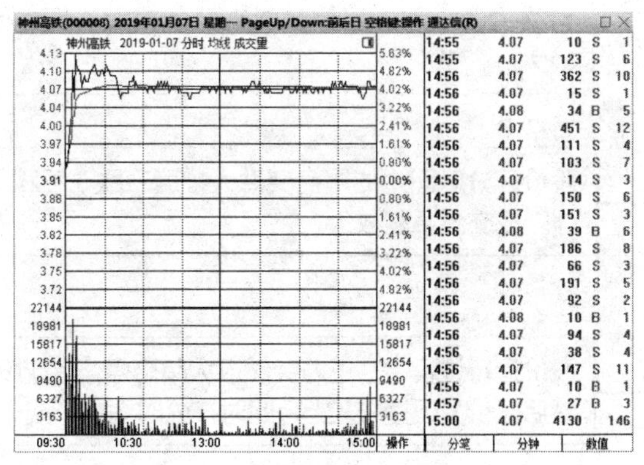

图7-4 神州高铁历史成交明细

NO.100 盘中分时图的形态

分时图形态指分时图走势所形成的有规律的形态，它是判断股票当天表现，研判后市走向的重要指标。分时图的常见形态如图 7–5 所示。

分时图量增价涨	股价走势呈现上涨的态势，并且伴随成交量不断放大，即价格与成交量同步向上。
分时图量减价跌	分时图中股价呈现不断下跌的态势，并且成交量也不断萎缩，即价格与成交量同步下跌，后市看跌。
早盘量增价涨	在早盘时间内有大笔资金介入，市场做多情绪较为亢奋，股价上涨，走势向上拉升。
盘中放量拉升	早盘过后的中盘时间段价格大幅拉升，成交量出现了放量，说明有主力大笔资金介入，后市看涨。
尾盘放量拉升	在分时图中，股价经过了早盘、盘中后在尾盘出现快速拉升，价格大幅上涨，且伴随成交急速放大，量增和价涨的幅度较大。
尾盘放量跳水	股价在分时图中的尾盘突然大幅度下跌，下跌角度陡，同时伴随成交量急剧放大。
单笔打压股价	股价运行过程中，主力突然以大单砸盘，造成股价迅速下跌，然后股价又迅速被拉起，此时在分时图中形成一个深 V 形态。

图 7-5 分时图常见形态

NO.101 分时图中的价格形态

价格线是分时图的重要组成部分，它能够直观地反映股价变动的趋势。价格线同样可以用 K 线的原理去分析，下面介绍常见的 3 类形态。

（1）W 底形态

W 底是一个重要的形态，因为其外观像英文字母“W”而得名。W 底形态属于中期底部形态，通常出现在波段跌势的末期，是一个很好的买入信号。在股价强势拉升前期，价格线 W 底形态也是一个短线买入信号。W 底形态需要满足两个条件，如图 7-6 所示。

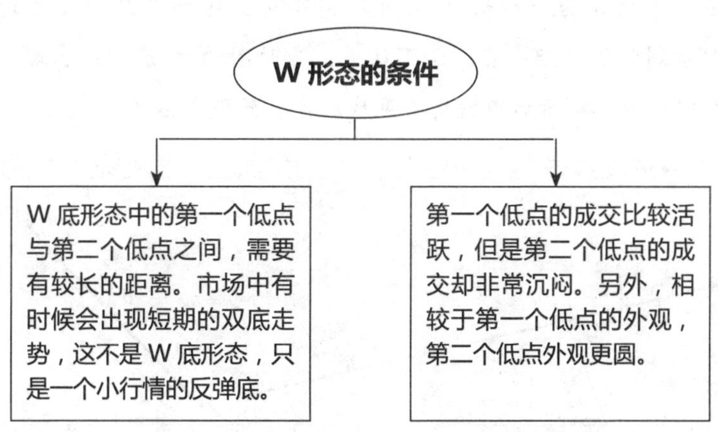

图 7-6 W 底形态需要满足的两个条件

实例分析

出现 W 底形态买入中科曙光（603019）

如图 7-7 所示为中科曙光 2018 年 11 月 28 日的分时图，从图中可以看到价格线在早盘中出现 W 底形态。

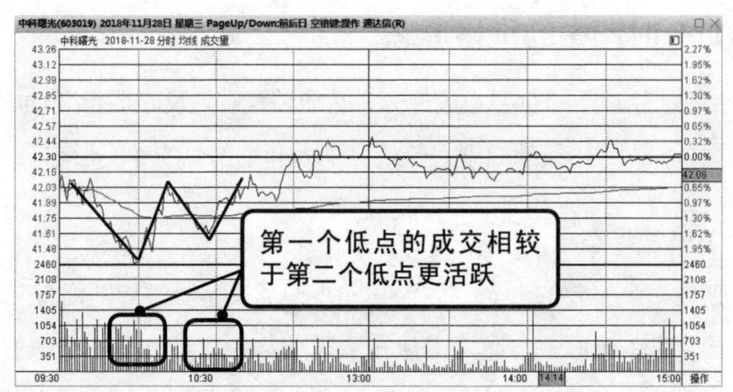

图 7-7 中科曙光 2018 年 11 月 28 日的分时图

如图 7-8 所示为中科曙光 2018 年 8 月 ~ 2019 年 3 月的 K 线走势，从图中可以看到股价前期一直处于下跌中，分时图的 W 底形态出现在股价下跌的趋势中后期。预示后市股价将见底反弹，呈现大幅度拉升。

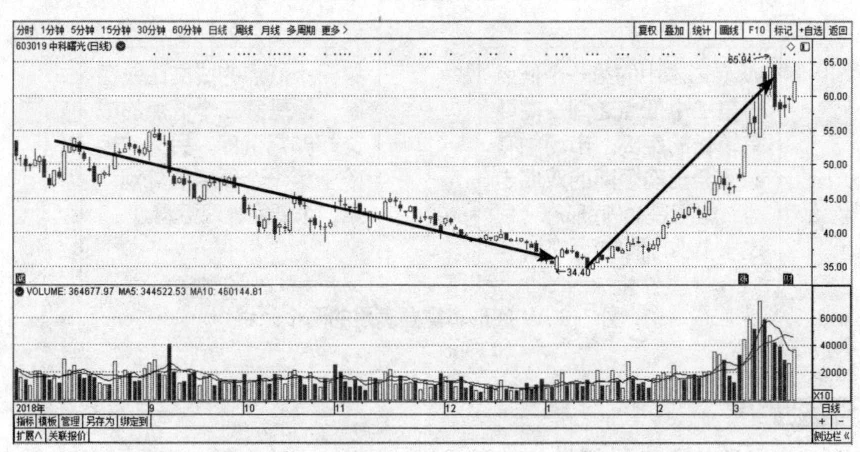

图 7-8 中科曙光 2018 年 8 月 ~ 2019 年 3 月的 K 线走势

（2）头肩顶和头肩底形态

价格经过一段时间的运行之后，在当日的某一个区域内出现 3 个顶点或是底点，但其中第二个顶点或底点相较于其他两个顶点有更高或者更低的形态，这便是头肩形态。其中一顶二肩为头肩顶，一底二肩为头肩底，如图 7–9 所示为头肩形态示意图。

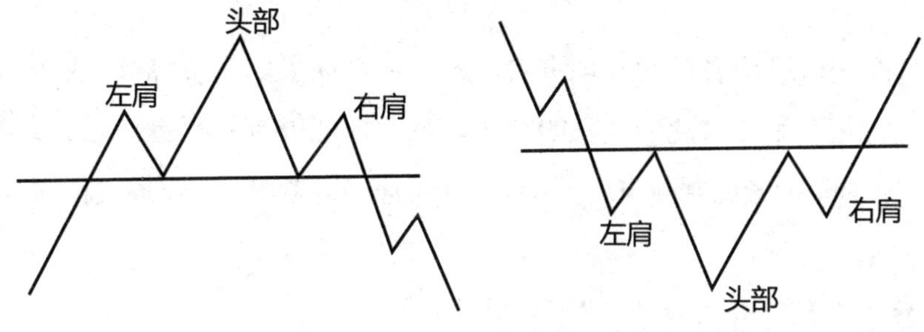

图 7-9 头肩顶（左）和头肩底（右）

头肩顶是短线卖出信号，股价强势拉升之后，在分时图的盘面中出现头肩顶形态，表示股价已经见顶，上涨乏力，股价将回落下跌。

头肩底与头肩顶相反，如果在股价见底阶段，分时图出现头肩底形态，可将其看作一个短线买入的信号；如果在股价拉升阶段，主力可能会借助头肩底形态进行洗盘操作。

（3）V 形底形态和 V 形顶形态

分时线 V 形底与 W 形底相类似，不同点在于此形态只有一个底部，有时跌幅较深，会形成一个深 V 形谷底，该分时形态出现在股价下跌低位，则是股价见底反弹的买入信号。

需要注意的是，这时候大家要特别注意，不要把急跌的最低点当作是最佳买点，最佳买点应是最低点出现后成交价线向上抬头时的价位，有时会出现两次或多次低点，只要后面的低点没跌破前一次低点，就可持股，但是切记要设好止损点。

分时线 V 形顶与分时线 V 形底相反，有时也成分时线倒 V 形，它是指股价当日在盘中突然急速拉高，到达一定高度后快速回落。分时线 V 形顶出现后次日股价继续下探的概率非常大，尤其该分时形态出现在股价顶部后的再次冲高位置，则是投资者的最后离场机会。

7.2 盘面应该怎么去盯

盘面是以股价表现的一个重要形式，从盘面可以清楚地看到市场中多方和空方相互争夺，此消彼长的状态。盘面还能够查看资金买进、卖出的变动，从而帮助股民判断市场。因此，股民应当盯紧盘面，不放过任何信息。

NO.102 明确盘口中的数据动态

盘口是在股市交易过程中，看盘观察交易动向的俗称。很多时候，庄家利用盘口挂单技巧，引诱股民作出错误的买卖决定，委买卖盘常失去原有意义。但是盘口数据的动态让庄家的心思展露无疑，因此盯住盘口是关键，这样可以有效发现主力的一举一动，从而把握更好的投资时机。

盘口数据最主要的是股价或股指在分时图上所显示的信息，它清晰地反映了当日股民的交易价格和交易数量，能够查看出股民的买入卖出意愿。想要了解盘口数据动态，首先需要了解盘口各项数据的意义。盘口包括的数据有委比、委差、五档买卖挂单、外盘与内盘、换手率等，如图 7-10 所示。

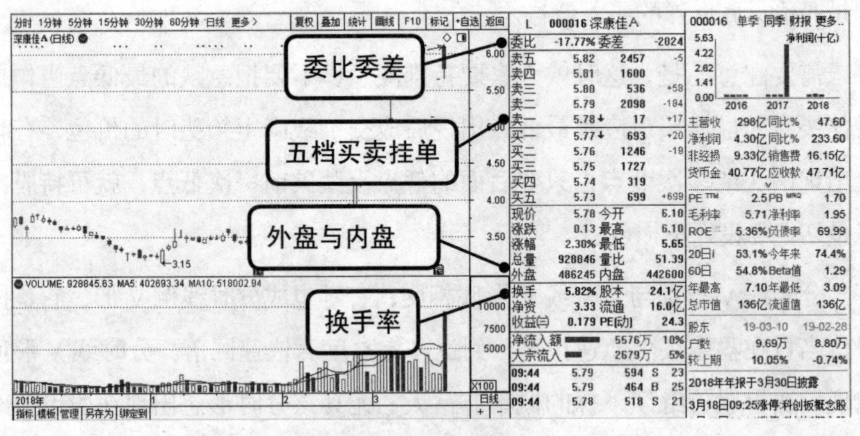

图 7-10 盘口数据展示

（1）委比

委比是衡量某一段时间内买卖盘相对强弱的一种指标，其计算公式如下所示：

委比 =（委买手数 − 委卖手数）÷（委买手数 + 委卖手数）× 100%

其中，委买手数是现在委托买入下三档的总数量；委卖手数是现在委托卖出上三档的总数量。委比值的变化范围为 −100% ~ +100%。一般来说，当委比为正值，特别是数值很大时，表示买方比卖方力量强，股价上涨的概率大；当委比为负值，特别是其绝对值很大时，表示卖方比买方力量强，股价下跌的概率大。委比值从 −100% ~ +100%的变化是卖盘逐渐减弱、买盘逐渐强劲的一个过程。

（2）委差

委差是显示在委比之后的一个数值，其计算方法为委买与委卖之间的差值。它反映的是股民的投资意愿，同时在一定程度上也表现出了股价的发展方向。当委差为正时，股价上涨的可能性较大；当委差为负时，股价下跌的可能性较大。

（3）五档买卖挂单

五档买卖挂单在委比的下方，按先五档卖盘挂单，再五档买盘挂单的顺序排列。买卖盘依照“价格优先、时间优先”的原则进行排列。

五档卖盘为空头主力能量展示，它是股民委托卖出股票的交易数据动态显示区。五档卖盘中实时出现的卖出委托单量的动态变化，能够反映盘中卖出力量的变化情况。

而五档买盘为多头主力能力展示，它是股民委托买入股票的交易数据动态显示区。五档买盘中实时出现的买入委托单量的动态变化，能够反映盘中买入力量的变化情况。

如果五档卖盘的委托单量小于五档买盘的委托单量，则说明空方力量小于多方，股价将呈现上涨趋势；如果五档卖盘的委托单量大于五档买盘的委托单量，则说明空方力量大于多方，股价将出现下跌；如果五档卖盘的委托单量与五档买盘的委托单量相同，说明空方和多方势均力敌，股价可能出现震荡性横向发展。

（4）外盘与内盘

外盘又称主动性买盘，是指买方主动以高于或等于当前卖一、卖二、卖三等价格下单买入股票时成交的数量。其数值大小代表市场中主动买入的力量。

内盘又称主动性卖盘，是指卖方主动以低于或等于当前买一、买二、买三等价格下单卖出股票时成交的数量。其数值大小代表市场中主动卖出的力量。

根据内盘和外盘的大小，可以对股票的走势判断提供相应的信息，通常外盘数量大于内盘，则表现买方力量较强，若内盘数量大于外盘则说明卖方力量较强。

但是，对于某些涨停盘而言，当日内盘远远大于外盘，如果此时股价后市上涨的决心相当坚决，就不能因内盘大于外盘就判断走势欠佳；对于某些跌停盘而言，当日外盘远远大于内盘，如果此时股价后市下跌趋势比较强，就不能因外盘大于内盘就判断股价走势强劲。

（5）换手率

换手率可以用来观察盘口的运行状况、判断股票的交易状态、股价走势及庄家资金的介入程度，是一个不错的盘口指标。其计算公式如下：

换手率 =（某一段时间内的成交量 ÷ 流通股数）× 100%

如果股票的换手率较高，说明当天成交的金额较大，市场交投频繁，买卖双方交易意愿较强；反之，说明当天的成交金额较低，市场关注度不高。其具体表现情况如表 7–3 所示。

表 7–3　换手率数值变化的市场意义

换手率	市场意义
1% ~ 3%	通常以 3% 为限，若当日股票换手率低于 3%，就表示该股不太受欢迎，成交较为冷清，股民对该股的交投意愿较淡薄，庄家介入较少，大部分为散户资金。此时，股票的成交量较低，即股价缺乏上涨或下跌的动力，后市发展趋向不明，其维持震荡横盘发展的可能性较大
3% ~ 7%	当换手率超过 3%，在 3% ~ 7% 时，则说明该股稍显活跃了，股民可以根据股价前期的走势变化来判断是否参与。需要注意的是，这样少量的资金介入是无法带动后市股价上涨的，因此股价在后市下跌的可能性比较大，很有可能在出现幅度较低的涨幅之后便马上回落
7% ~ 10%	说明筹码在大量换手，交易较活跃，有大笔资金介入该股，足以带动股价稳步上升。此时股价走势比较明朗，后市可能呈现稳步上升
10% ~ 25%	说明股票交易非常活跃，市场交投过热。此时庄家全线买入，股价上涨幅度较大，其 K 线走势处于上涨走势中
25% 以上	股价表现异常，成交量非理性放量，市场交投异常活跃，若股价走势呈现强势上涨，说明股价上涨离顶点不远，那么后期随时可能呈现下跌

了解规律之后，股民就可以利用规律找到高换手率的个股，结合其 K 线走势，若处于底部突破区域，那么此种行情的个股投资价值较高，投资者可以适当保持关注。

NO.103 看懂盘口语言

除了需要了解盘口数据之外，想要学会看盘，就必须要懂得常见的盘口术语，常见的盘口术语如表 7–4 所示。

表 7-4　盘口术语

术语	内容
开盘价	股票在每个交易日开始时的第一笔成交价
收盘价	股票在每个交易日结束时的最后一笔成交价
成交量	当天某只股票成功交易的数量
高开	股票当日的开盘价高于上个交易日的收盘价
平开	股票当日的开盘价等于上个交易日的收盘价
低开	股票当日的开盘价低于上个交易日的收盘价
震盘	股价在一天内震动不断
崩盘	股票出现大量抛售，股价下跌，最终导致股市休市
红盘	今日收盘价高于上个交易日的收盘价
股本	股份资本，是经公司章程授权，代表公司的所有权
净资产	每股股票代表公司的净资产价值

NO.104 关注盘面的 3 个时间段

可以将盘面的时间段分为 3 个阶段，即开盘阶段、续盘阶段以及终盘阶段，这 3 个阶段基本上概括了当天走势的全部内容，形成了完整的当日价格走势图。因此，股民在盯盘过程中需要对这 3 个时间段进行把握，如图 7-11 所示。

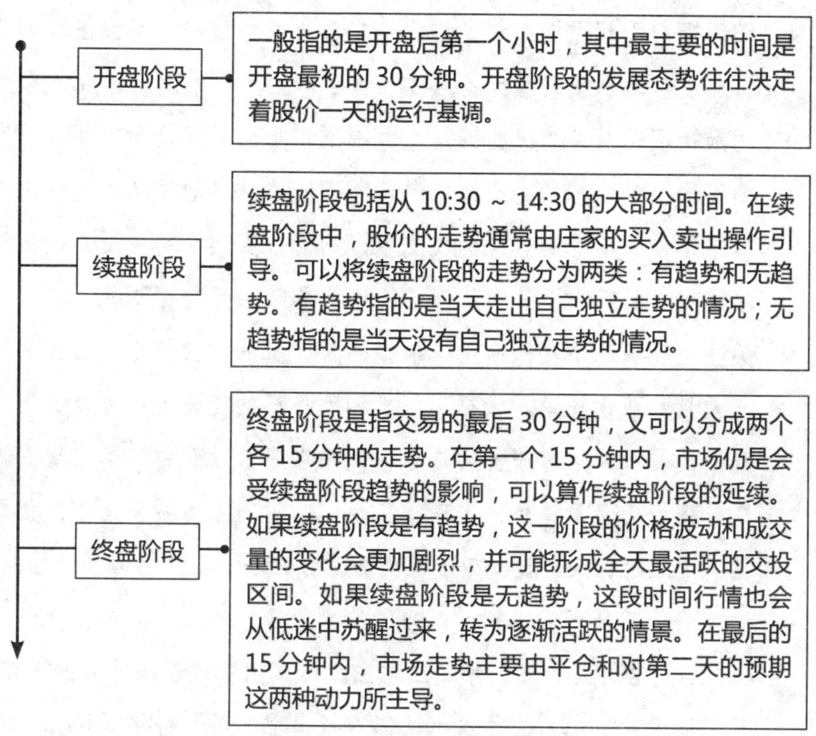

图 7-11 盘面的 3 个时间段

NO.105 注意盘口观察

注意盘口观察可以将其理解为实时注意买盘和卖盘，股市中的主力经常挂出的大量买单或卖单，从而影响股价走势，并且常常通过盘口挂单的手段来诱惑股民作出些投资决定。此时，股民只要盯紧盘口，便能够掌握主力的动向，了解主力的意图，规避一些错误的决策。

常见的一些盘口观察方法有以下 4 种。

- **关注大单信息：**股民需要关注盘口中的大单买入卖出信息，简单来说，就是每笔成交中的金额较大的单子，当买卖盘中出现大量金额的交易时，往往预示着主力资金比较活跃。

- **扫盘情况引起重视**：扫盘指的是在股价涨势过程中突然出现大单，将卖盘挂单吞噬的情况。这往往预示着主力大举建仓，后市看好。
- **对敲情况**：对敲情况指的是主力利用多个账号进行同时买进或卖出的操作，目的是抬高或降低股价。因此，一旦股民从成交信息中发现连续性的出现大金额的成交量，同时，买卖队列中没有此价位挂单或成交量远大于买卖队列中的挂单量时，就需要警惕。
- **关注上压板和下托板**：上压板指的是大量的卖盘挂单，下托板指的是大量的买盘挂单。根据上压板和下托板的变化情况可以看出主力意图，并研判后市股价的走势。如果在股价跌势中突然出现买盘意愿较强烈的大量挂单，出现下托板，则说明主力做多意图；如果出现了下压板，但是股价却不跌反涨，则主力压盘吸货的可能性偏大，后市股价回升可能性较大；当股价走势表现上涨，盘中出现了下托板，但走势却是价滞量增，注意主力诱多出货；若此时上压板较多，且上涨无量时，则往往预示顶部即将出现，股价将要下跌。

7.3 辨别手中的强势股和弱势股

强势股可以帮助股民获得不菲的收益，而弱势股常常带给股民的则是惨重的损失。为了避免这一情况的发生，股民就需要借助盘面信息辨别自己手中股票的资质，是需要抛弃的弱势股，还是后期会稳健发展的强势股。

NO.106 强势股的特征

想要知道自己手中的股票是不是强势股，首先需要了解什么是强势股？强势股指在股市中稳健上涨的股票。当大盘指数回调时，会出现一些股价不跌，甚至上升的个股，而这些个股往往便是强势股。

结合实战中的强势股，我们不难发现强势股都拥有一些共性，而这些共性往往是我们判断该股是不是强势股的关键，强势股的特征如表 7–5 所示。

表 7–5 强势股的特性

特点	内容
涨幅大	对于强势股而言，股价上涨是必然的，没有涨幅就不可能是强势股，同时其涨幅相较于普通股幅度更大。通常强势股在盘中或 K 线图中出现急速拉升，走势简单，短时间内的涨幅在 20% ~ 30%
换手率高	强势股的换手率较高，通常每日成交换手率一般不低于 5%，有时候甚至达到 10% 或 20% ~ 30% 以上
成交量大	除了换手率高之外，强势股还会有大量明显的资金进入，量能持续放大。成交量是股价上涨的关键，所以强势股在爆发性上涨过程中必然会有活跃的成交量放大过程，这样股价才会不断表现上涨趋势
政策、题材支持	很多的强势股都有政策或题材扶持的背景，通常这类的股票都是与近期热门的题材相结合，有良好的群众基础，市场认可度较高，所以会在短期内爆发，形成强势股
连续性上涨	强势股在上升的途中会呈现连续阳线的放量走势，更不会随便停止拉升，并且走势通常大涨小跌，随后止跌突破阻力再创新高。另外，盘口还经常伴随高开与涨停板出现
抗跌性	强势股之所以为强势股，有一个重点的原因在于抗跌性。个股走势比大盘强，一方面是个股总体的涨幅高于大盘，另一方面则是上涨时涨得快，下跌时抗跌性强，回落慢，或者以横盘代替回调，甚至出现逆势向上
股价走势角度陡峭	强势股拉升上攻时往往其位置相对较低，或者是高位蓄势震荡后再度拉升，因此在 K 线图中呈现股价走势角度较为陡峭，经常角度大于 60°，甚至达到 80° ~ 90° 的陡峭上涨

在实际的炒股操作中会发现，强势股的这些特点会有不同程度上的强化或弱化，但是其这些特点的基本共性特征不会改变。所以，股民在判别该股是不是强势股时可以从这些特征入手。

NO.107 从早盘即时图走势中发现强势股

即时图是股价波动最小级别的表现形式，所以大盘和个股的短期走势，以及主力做多做空意图都可以通过即时图显露出来，这也是捕捉强势股的重要途径。

资金是个股上涨的原动力，强势股的强势上涨可以理解为场外资金积极流进推动的结果。因为有了大量资金的流入，其走势自然表现强势。需要注意的是强势股的领涨性走势不仅仅是表现在K线图中，只要个股具有强势，盘中有了大量资金的流入，那么在小级别的即时图中也会显示其强势特性。

强势股因为有资金的积极介入，所以从一开始便表现强势，与没有资金介入的弱势股拉开距离，因此早盘中的即时图价格走势可以辨别强势股。强势股早盘走势特征如下所示。

- 开盘涨停直至收盘，走势最强的强势股莫过于涨停板开盘，不打开直至收盘，成交量较少，如7-12左图所示，或者是连续涨停，说明该股做多能量大，多头积极表现，做空抛压极少，后市看涨。这种走势一般都是因为有重大利好消息或题材支持，或者主力机构洗盘完结后展开拉升发力。
- 开盘涨停，中间打开回落，少量成交，收盘仍然涨停，如7-12右图所示。该股做多能量大，做空抛压少，后市看涨。相较于开盘涨停直至收盘的形态较弱，但是仍然是强度较大的强势股。

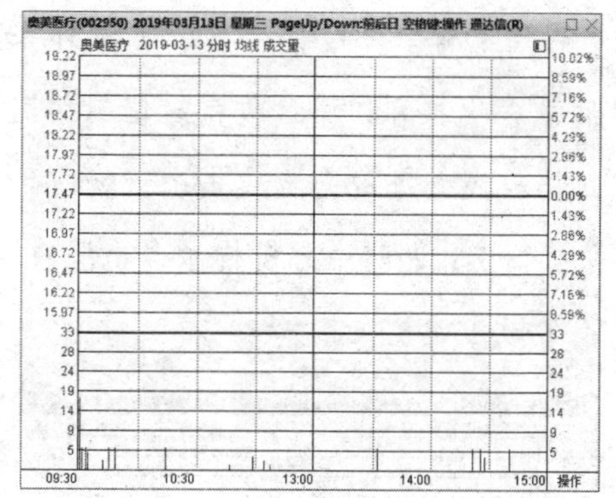

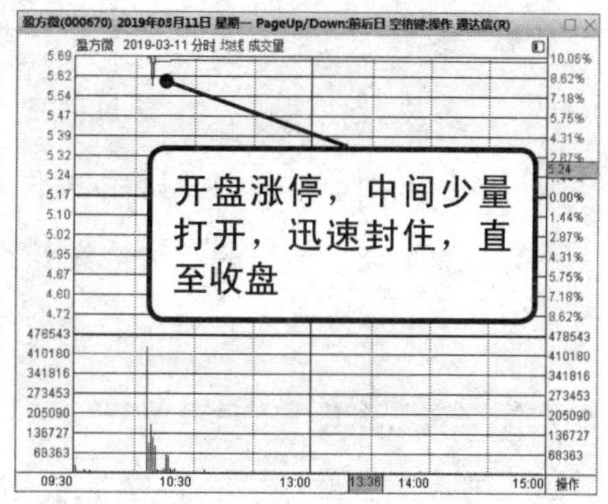

图 7-12 开盘涨停

- 开盘涨停，盘中打开，回调幅度较小，放出成交量，但很快封住涨停，直至收盘，如 7-13 左图所示。
- 高开高走，封住涨停板，中间打开回调，很快又封住涨停，直至收盘，封涨停后无量，如 7-13 右图所示。

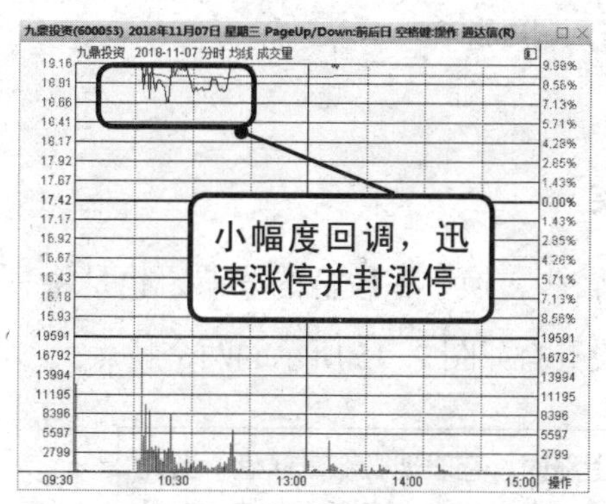

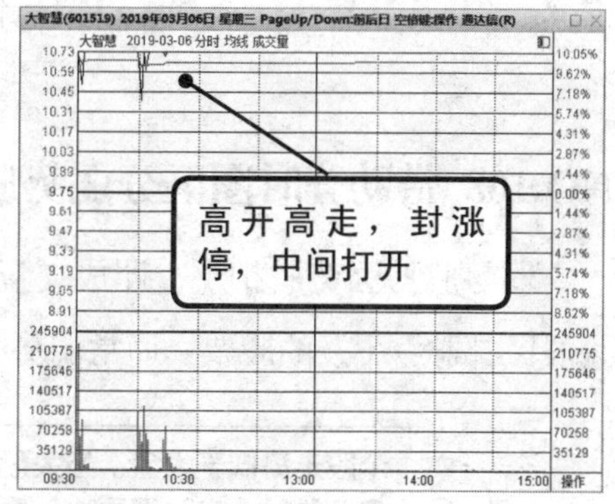

图 7-13 开盘涨停回调和高开涨停

- 高开高走，然后震荡回调，随后快速拉升，一波封住涨停板，不再打开直至收盘，如 7-14 左图所示。这种超强走势一般都是高开幅度大， 经过短暂的整理继续向上，攻击凌厉，均价线陡峭，说明主力机构不给场外投资者低买的机会，做多坚决。

◆ 高开（平开、低开）高走，多次封住涨停。不管是一波、两波还是多波封住涨停板，或封住涨停后又多次打开，不过收盘时仍封住涨停，如7-14右图所示。盘中回档较浅，每次向上攻击也流畅，价量配合较为理想，均价线始终保持朝上，说明主力机构做多也坚决，但多数会放出巨量，也消耗了不少做多能量。

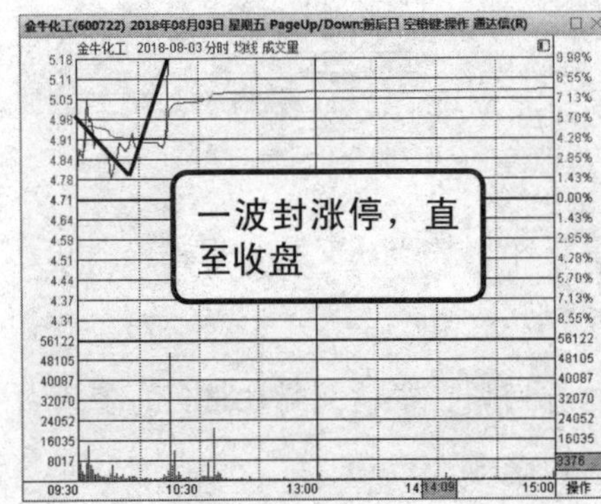

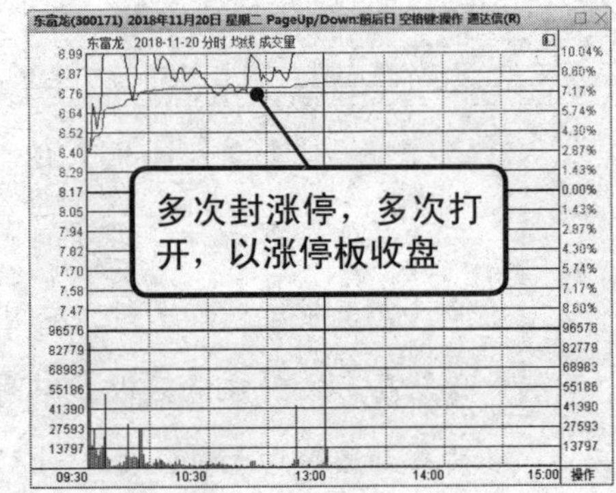

图 7-14 高开回调再涨停

NO.108 借助分时图区分弱势股

弱势股与强势股相反，即成交量较少，换手率较低的股票，也是每一位股民都避之不及的股票。通常弱势股具有如图7–15所示的两个特点。

① 个股走势低于大盘，当大盘上涨时，它表现微涨或横盘；当大盘下跌时，它跌得更快、更急；大盘止跌，它继续小跌；大盘反弹，它不反弹。

② 与强势股不同，虽然强势股也可能出现涨跌互现的整理过程，但整体上呈向上攀升，而弱势股大部分时间在盘整，盘整结束后突然急速下跌，或者在更低价位上盘整。

图 7-15 弱势股特点

弱势股在分时图中具有典型特征，股民借助分时图可以快速判断股票是否为弱势股。一般来说，在分时图中弱势股常常具有如图 7-16 所示的几个现象。

弱势股的均价线对分时线形成有力的阻力，所以分时线持久性地运行在均价线的下方。

弱势股在盘口中往往出现放量跳水走势。

弱势股的盘中走势通常低于大盘。

弱势股当日的盘中平均下跌幅度往往超过 2%。

图 7-16 弱势股分时图表现

下面结合实例来看弱势股分时特征。

实例分析

个股弱势分析

如图 7-17 所示为长城军工（601606）2018 年 9 月 21 日的分时图，如图标注所示，在个股分时图中叠加上证指数走势图。从图中可以清晰地看到，该股走势明显弱于当日大盘走势，大盘整体呈现向上攀升的走势，但该股却表现横盘发展。

另外，在相对比较平稳的早盘，该股却出现了大幅的跳水，量能明显放大，说明场内资金在加速出逃，而入场资金又无法有效承接，是资金在加速流出的信号。

并且，从个股分时图走势可以看到，该股的均价线对分时线形成阻力，虽然出现震荡但迅速被落下，整体上分时线始终在均价线的下方运行，难以突破。

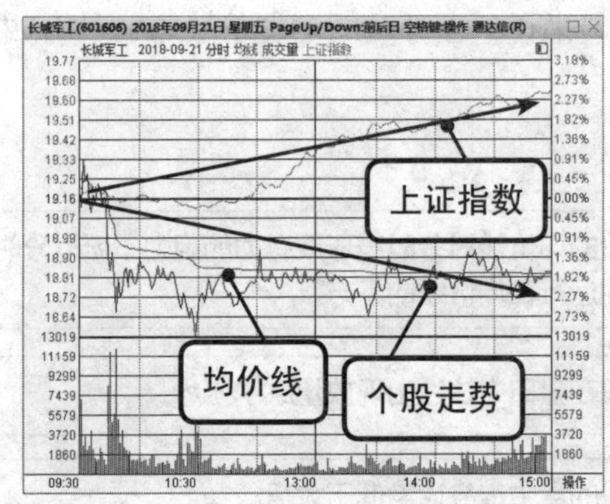

图 7-17 长城军工（601606）2018 年 9 月 21 日的分时图

面对弱势股，股民应该要掌握一定的操作技巧，有 3 种具体的操作方法，如图 7–18 所示。

暴涨后的弱势股坚决不买

突然性的暴涨是因为有大资金推动，此时一旦主力抽身，新的市场尚未形成，短期内价格难以上涨。

避免介入大量能的弱势股

量能放大则说明市场内的主力开始逃离，资金快速流出。

长期盘整弱势股坚决不买

长期盘整的弱势股不管是上涨还是下跌最后都在原地，不会出现明显的跌势和涨势，更不会给股民带来收益。

图 7-18 弱势股操作方法

NO.109 学会捕捉强势股

通常前面的介绍，我们知道了强势股具有领涨性、持续性以及抗跌性等优势，可以给股民带来不可限量的收益，因此股民要懂得从众多的个股中发现强势股的踪影，常见的寻找强势股的方法如表 7–6 所示。

表 7-6　寻找强势股的方法

方法	内容
利用 K 线	K 线是一个重要的强势股发现途径，强势股的 K 线走势一直向上运行，并且不断创造新高。因此，可以借助 K 线走势进行筛选，寻找连续向上，并不断突破新高的强势股，还可以是波段中线的强势股，中长线独立走势的牛股往往本身就是强势股
涨幅榜	因为强势股具有领涨性的特性，所以强势股通常出现在涨幅榜中，可以经常关注位于涨幅榜前列的个股
量比	强势股其量比通常也排列在前列，因为强势股在领涨时，往往呈现出放量上涨状态，所以量比指标比平常横盘或回调时大
涨速	涨速也是一个关注点，通常强势股的上涨速度较快。涨速指标通常是指 5 分钟时间里两市上涨速度进行比较排序，而涨速排序前列的就是当前 5 分钟时间里上涨速度最快的个股。短线领涨强势股大都会时常出现在涨速排序窗口之中
对比大盘	利用叠加功能，找到其走势明显强于大盘的个股，尤其是在阶段性底部即将完成或大盘探底快结束时，通过叠加大盘走势的方式，对比选出逆势抗跌或率先走出底部的股票，特别是能够抗住最后一跌的逆市强势股

第 8 章

借助各类指标帮助分析

在行情交易软件中我们不难发现，系统中有许多技术指标，这些指标可以帮助用户准确分析，预测股价走势。面对这么多的指标，股民不需要将其全部记住，只需要掌握常用的几个即可。本章将具体介绍几个常见的技术指标的使用方法。

NO.110 MA指标的基础认识
NO.111 不同周期的MA指标作用
NO.112 组合均线的运用
NO.113 葛兰威尔买卖法则
NO.114 什么是KDJ指标
NO.115 KDJ指标应用法则：取值的绝对数字
…………

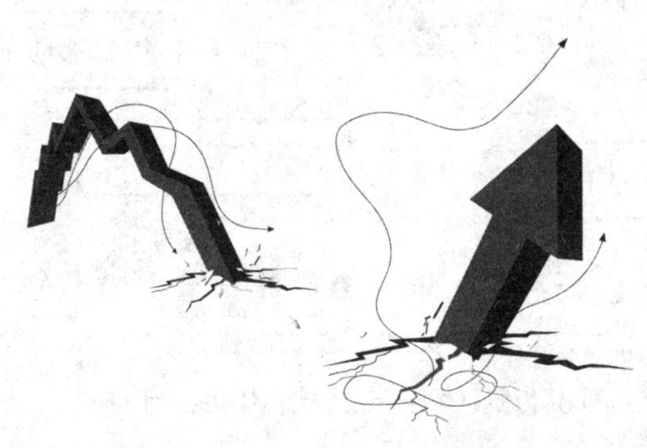

8.1 移动平均指标：MA 指标

移动平均指标是反映股价变化趋势的重要指标，通过多根均线组合进行观察分析，可以发现股价所处位置，研判股价未来走势，找到买卖点。

NO.110 MA 指标的基础认识

MA 的英文全称为 Moving Average，即移动平均线，就是将若干个交易日的收盘价进行累加，进而求出一个算术平均值。

例如，股市中某个股周一收盘价为 10 元，周二收盘价为 15 元，周三收盘价为 20 元，周四收盘价为 25 元，周五收盘价为 30 元，那么 5 日均线为 MA（5）=（10+15+20+25+30）÷5=20（元）。

根据时间的长短划分，移动平均线可以分为短期、中期以及长期 3 种，例如 5 日、10 日以及 60 日移动平均线。通常情况下，移动平均线以平滑的连接曲线直接加载在主图上，默认的情况下显示 5 日、10 日、20 日以及 60 日移动平均线，如图 8-1 所示。

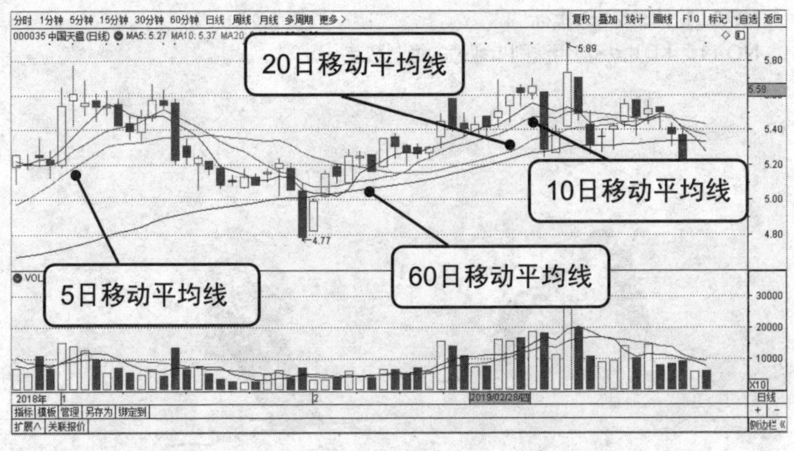

图 8-1 默认情况下的移动平均线显示样式

移动平均线具有 5 个明显的特性，如图 8-2 所示。

滞后性

因为移动平均线是多个交易日收盘价的平均值，相对于单日收盘价来说，更稳定，所以如果某个股出现当日价格涨幅过大，但在移动平均线上却不容易体现出来。因此，有可能牛市来临，它仍然以一种平缓的趋势发展，具有滞后的特性。

趋势性

移动均线可用以表示股价变化的方向，股价顺着这个趋势运动，不会轻易改变。如果从K线图中能够找出上升或下降趋势线，那么，移动平均线的曲线将保持与K线图上的趋势线方向一致，能消除中途价格在这个过程中出现的起伏。

稳定性

从移动平均线的计算方法可以知道，MA的变化不是一天形成的，而是由几天，甚至是几个月形成的，所以一天的大变动分摊到几天中，变动也会变小，从而体现出稳定性的特点。

助涨助跌性

当价格突破了移动平均线时，无论是向上突破还是向下突破，价格有继续向突破方面再走一程的愿望，这就是移动平均线的助涨助跌性。

支撑线和压力线的特性

移动平均线在股价走势中主要起支撑和压力的作用。移动平均线被突破，实际上是支撑线和压力线被突破。

图 8-2 移动平均线的特性

NO.111 不同周期的 MA 指标作用

我们知道根据时间长短的不同，MA 指标分为不同周期的移动平均指标，但是这些不同的指标具有不同的作用，适用于不同的场景下，如表 8-1 所示。

表 8-1　各种周期移动平均线的作用

均线周期	含义	主要类型	盘面意义
短期移动平均线	指周期为一个月以下的移动平均线，其波动较大，过于敏感，适合短线投资者	5 日均线和 10 日均线	5 日均线代表一个星期的股价走向；10 日均线代表半个月的股价运行方向
中期移动平均线	指 1 个月以上 3 个月以下的移动平均线，其走势相对沉稳，经常被使用	20 日均线、40 日均线和 60 日均线	20 日均线代表 1 个月的股价走向；40 日均线代表两个月的股价走向；60 日均线表示 3 个月的股价运行方向
长期移动平均线	指半年以上的移动均线，其走势过于平稳，不灵活，适合长线投资者使用	120 日均线和 240 日均线	120 日均线代表半年的股价运行趋势；240 日均线表示一年的股价运行趋势

NO.112 组合均线的运用

在实际的看盘过程中，通常都是使用组合移动平均线来进行观察的，常使用的是 3 根或 3 根以上的均线，因为组合移动平均线比单根移动平均线更能具体的反映出市场整体趋势及平均持仓情况。

根据均线周期的不同进行划分，可以将均线划分为 3 种组合方式：短期均线组合、中期均线组合和长期均线组合。

（1）短期均线组合

短期均线组合最常见的有 5 日、10 日、20 日和 5 日、10 日、30 日两种组合方式。这个短期指的是 3 个月以内的情况。短期均线组合主要是用于观察股价短期运行的趋势。

- **在上涨的过程中：**在典型的上升通道中，5 日均线应是多方的护盘中枢，不然则上升力度有限；10 日均线则是多头的重要支撑线，如果10日均线被有效击破，原本的上升趋势可能会被打破，市场就有可能开始转弱。

- **在下跌的过程中**：在空头市场中，10日均线为弱势反弹阻力；而20日均线和30日均线则是衡量市场短、中期趋势强弱的一个重要标志。当均线向上倾斜时，可做多；当均线向下倾斜时，可做空。

（2）中期均线组合

中期均线组合最为常见的是10日、30日、60日和20日、40日、60日两种组合形式。中期均线组合主要是用于观察大盘或个股中期运行的趋势。

- **在上涨行情中**：中期均线呈现多头排列的状态（周期较小的移动平均线在周期大的移动平均线的上方，且整体向上发散的均线排列），说明大盘或个股中期的趋势较好，此时股民可以看多做多。
- **在下跌行情中**：中期均线呈现空头排列的状态（周期较小的移动平均线在周期大的移动平均线的下方，且整体向下发散的均线排列），说明大盘或个股中期的趋势较差，此时股民可以看空做空。

（3）长期均线组合

长期均线组合最为常见的有30日、60日、120日和60日、120日、240日两种组合。长期移动均线组合主要用于观察大盘或个股中长期走势，例如半年以上的股价走势。

- 如果长期均线组合出现黄金交叉（上升行情中，短期移动平均线由下向上穿过中长期移动平均线形成的交叉），呈现多头排列，说明市场对大盘或个股的趋势长期看好。
- 如果长期均线组合形成死亡交叉（下降行情中，短期移动平均线由上向下穿过中长期移动平均线形成的交叉），呈现空头排列，说明市场中长期趋势看淡。

NO.113 葛兰威尔买卖法则

葛兰威尔买卖法则主要是以股价和移动平均线为基础总结出的 8 条买卖法则，是由美国著名投资专家葛兰威尔通过长期的投资实践提出来的。其中包含了 4 条买入法则和 4 条卖出法则，下面来进行具体介绍。

实例分析

买入法则 1：金叉介入

在下跌行情的末期，中长期均线下跌走平，短期均线急速上扬，完成黄金交叉，代表股价从均线下方向上突破，趋势可能反转，视为买入信号，如图 8-3 所示。

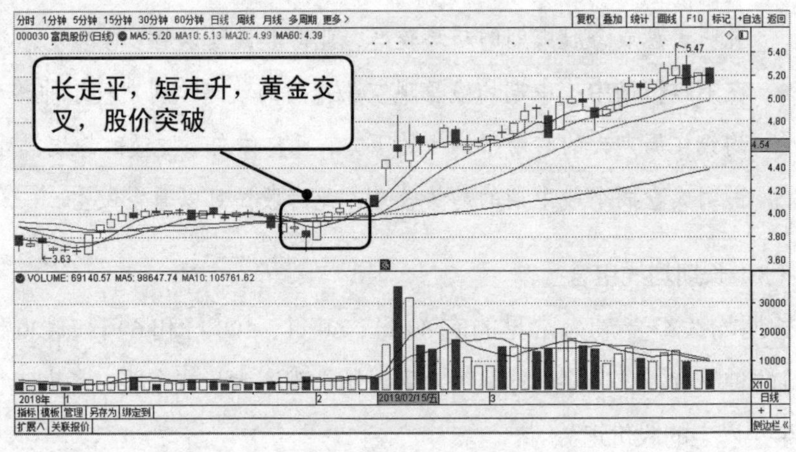

图 8-3 金叉介入

实例分析

买入法则 2：回调不破

在上涨行情初期或者途中，短期均线走平或向下运行，但在向上运行的中长期均线上方拐头向上，股价从短期均线下方上穿，视为买入信号，如图 8-4 所示。

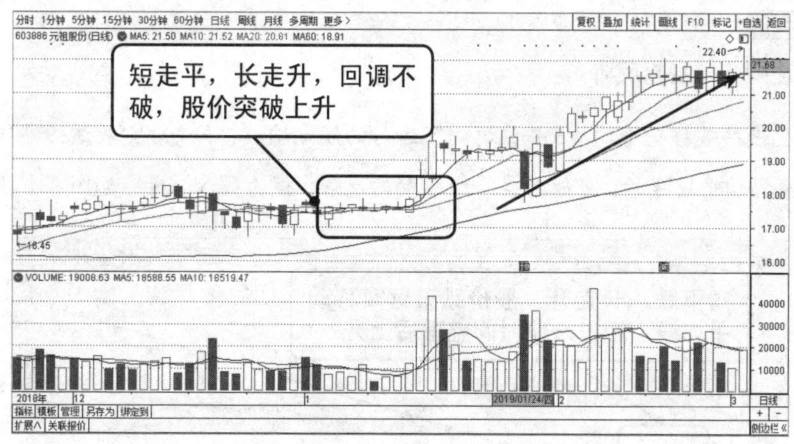

图 8-4 回调不破

实例分析

买入法则 3：破位上拉

在上涨行情的初期或者途中，短期均线向下运行，跌破中长期均线后迅速拉升，股价从均线下方向上穿中长期均线，视为买入信号，如图 8-5 所示。

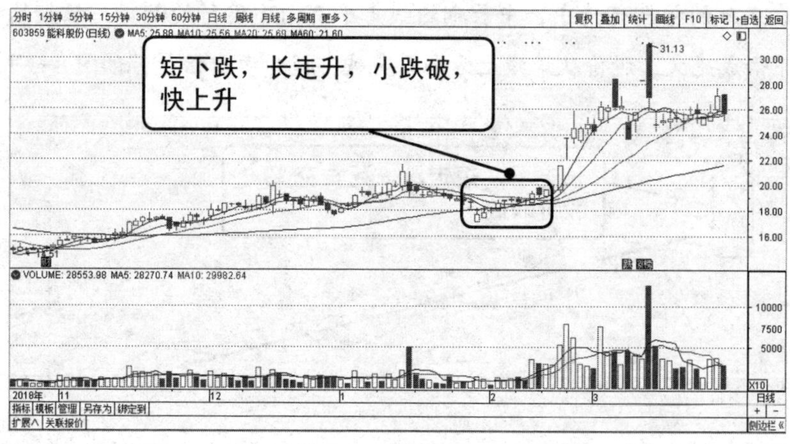

图 8-5 破位上拉

实例分析

买入法则 4：偏离反弹

股价跌破移动平均线，并偏离向下运行的短期均线，下跌后突破该短期均线，并远离移动平均线时，可能产生一轮强劲的反弹，视为买入信号，如图 8-6 所示。

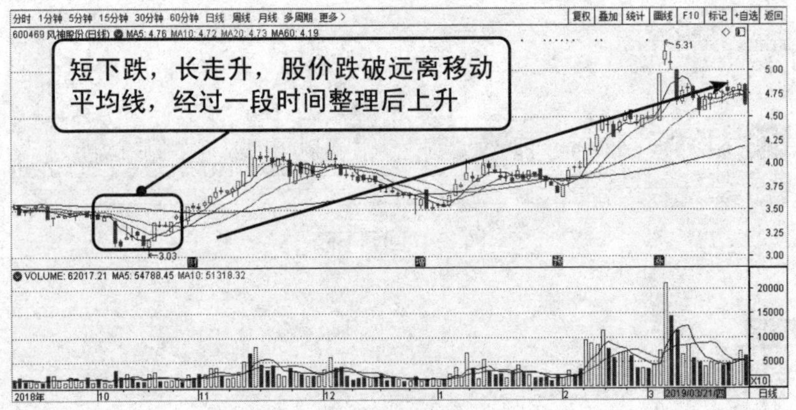

图 8-6 偏离反弹

实例分析

卖出法则 1：死亡交叉

在下跌的初期行情中，中长期均线走平有向下运行的趋势，短期均线急速向下形成死叉，股价从均线上方向下突破，视为卖出信号，如图 8-7 所示。

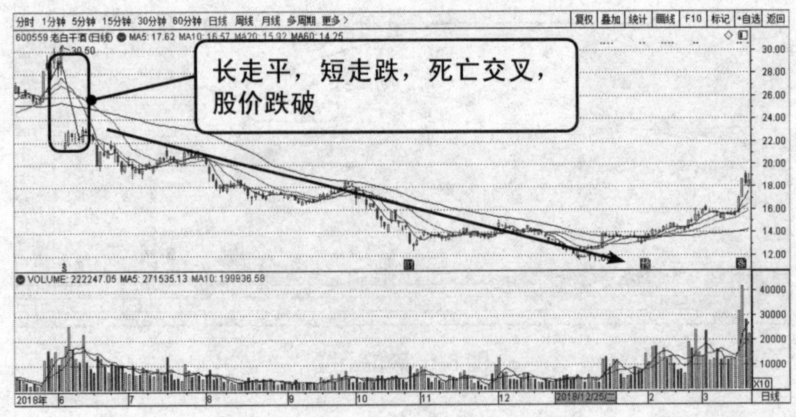

图 8-7 死亡交叉

实例分析

卖出法则 2：反弹不过

在下跌的行情中，短期均线走平后向上反弹，最终在中长期均线的下方反弹上涨受阻，股价跌破均线，视为卖出信号，如图 8-8 所示。

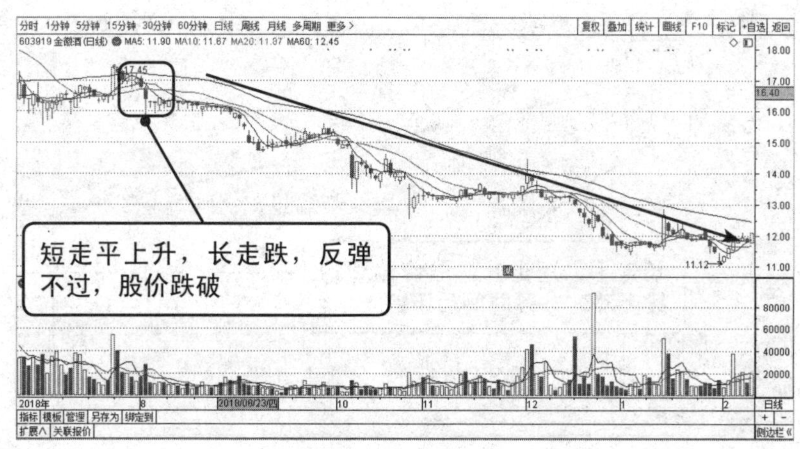

图 8-8 反弹不过

实例分析

卖出法则 3：突破回落

短期均线反弹向上运行，突破中长期均线后快速回落，股价从均线上方跌破中长期均线，视为卖出信号，如图 8-9 所示。

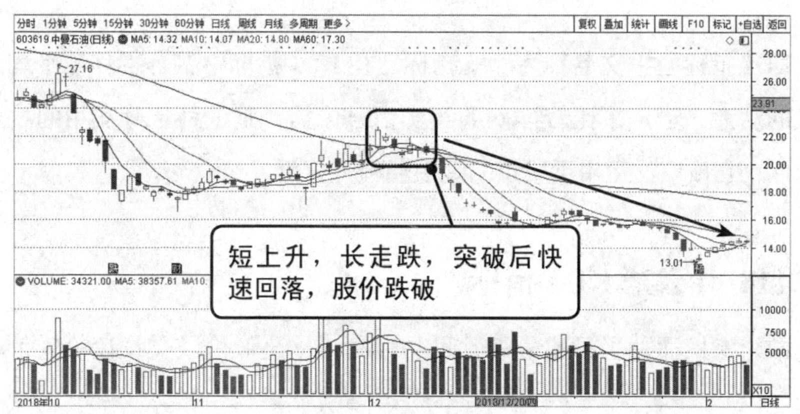

图 8-9 突破回落

实例分析

卖出法则 4：偏离回落

股价偏离向上的短期均线上涨后回落，跌破中长期均线，视为卖出信号，如图 8-10 所示。

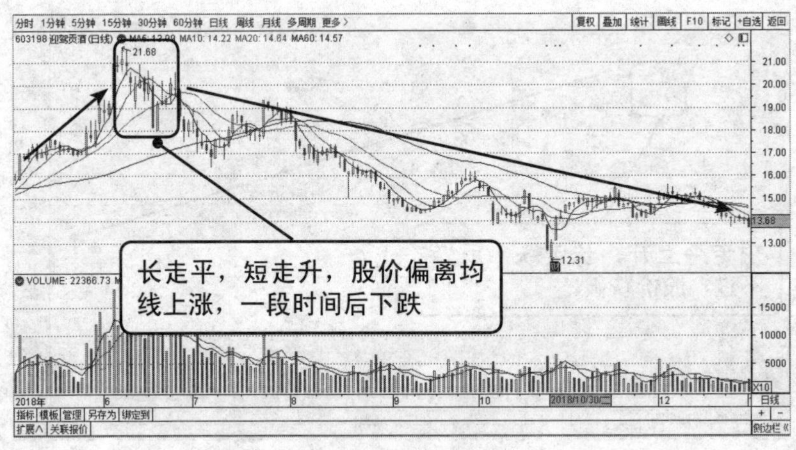

图 8-10 偏离回落

8.2 随机指标：KDJ 指标

KDJ 指标的中文名称为随机指标，在 KDJ 指标中融合了移动平均线速度上的观念，形成了比较准确的买卖信号依据，是一种十分实用的技术分析指标，它被广泛运用于股市的短中期趋势分析。

NO.114 什么是 KDJ 指标

KDJ 指标通过当日或最近几日的最高价、最低价以及收盘价的价格波动幅度来反映价格变化趋势的强弱，主要由K线、D线以及J线组成，KDJ指标在K线图中的表现形式如图8-11所示。

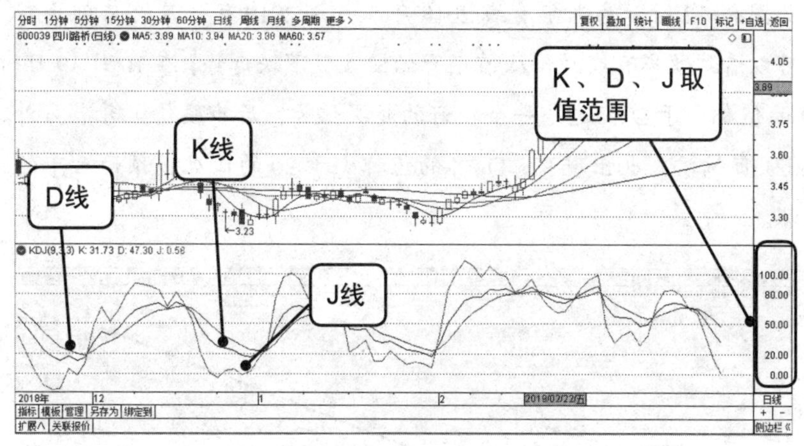

图 8-11 KDJ 指标

KDJ指标本质上是一个随机波动的概念，在实际的运用中主要利用K线、D线以及J线所形成的形态或交叉关系来分析股市中的买卖信号，并借助走势情况和交叉形态预测股价的短中期趋势。

NO.115 KDJ 指标应用法则：取值的绝对数字

KDJ指标中，K值和D值的取值范围都是0 ~ 100，而J值的取值范围可以超过100和低于0，但在分析软件上KDJ的研判范围都是0 ~ 100。通常就敏感性而言，J值最强，K值次之，D值最慢；就安全性而言，J值最差，K值次之，D值最稳。

根据KDJ的取值，可将其划分为3个区域，即超买区、超卖区和徘徊区。按一般划分标准，K、D、J这3个值在20以下为超卖区，是买入信号；K、D、J这3个值在80以上为超买区，是卖出信号；K、D、J这3个值在20 ~ 80之间为徘徊区，宜观望。

实例分析

超买信号买入歌华有线（600037）

如图 8-12 所示为歌华有线 2018 年 9 月～2019 年 3 月的 K 线走势。从图中可以看到歌华有线股价从前期开始便表现下跌走势，在 10 月 19 日时 K、D、J 的值都小于 20，这是一个较好的超买信号，后市股价上升。另外，在 12 月 21 日时候，也出现 K、D、J 的值都小于 20 的情况，预示后市的股价将上涨。

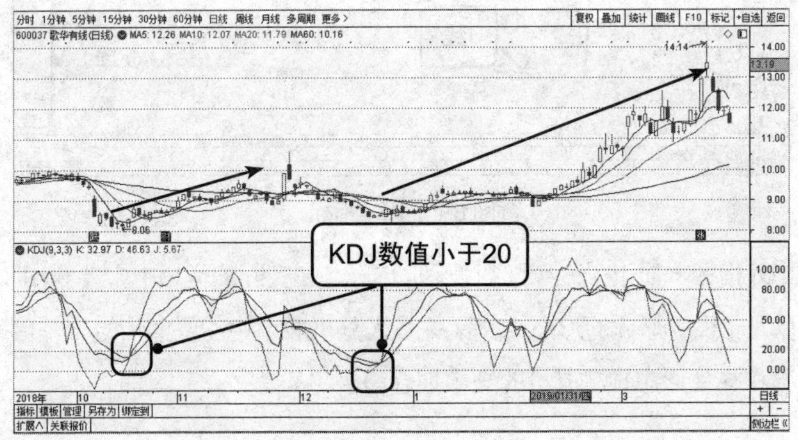

图 8-12 歌华有线 2018 年 9 月～2019 年 3 月的 K 线走势

实例分析

超卖信号卖出上海环境（601200）

如图 8-13 所示为上海环境 2018 年 10 月～2019 年 1 月的 K 线走势。从图中可以看到上海环境在 10 月～11 月中旬股价一直处于向上运行，KDJ 线一直表现上升的趋势，但在 11 月 19 日时出现 K、D、J 的值都大于 80，这是一个超卖信号，预示后市股价下跌。

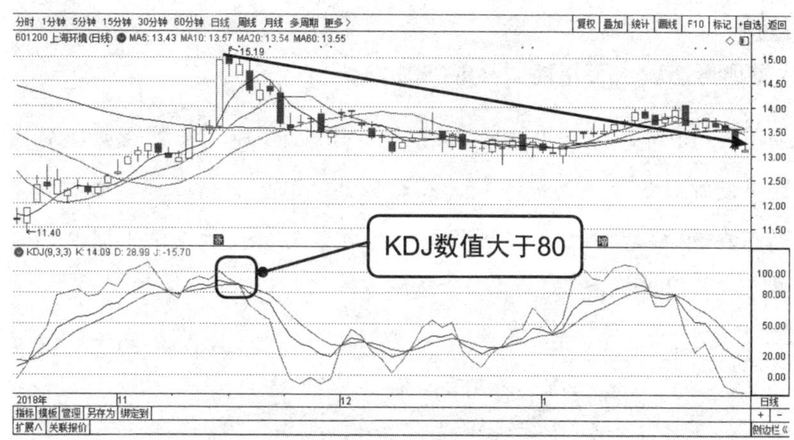

图 8-13 上海环境 2018 年 10 月 ~ 2019 年 1 月的 K 线走势

一般而言，当 K、D、J 三值在 50 附近时，表示多空双方力量均衡；当 K、D、J 三值都大于 50 时，表示多方力量占优；当 K、D、J 三值都小于 50 时，表示空方力量占优。

小贴士 *根据 KDJ 取值判断买卖点的注意事项*

虽然根据 KDJ 取值判断买卖点的方法很简单，方便实用，但是需要注意的是，KDJ 取值应用只是 KDJ 应用法则的一个初步过程，是一个简单的信号。因此，在实际的炒股操作中还需要结合其他的技术分析，如果完全按照这种方法可能使分析结果不准确。

NO.116 KDJ 应用法则：KDJ 曲线形态

KDJ 指标的第二个应用法则为 KDJ 曲线形态分析。KDJ 指标中的 3 条曲线反应灵敏，在曲线图中形成头顶肩顶 / 底形态、双重顶 / 底形态以及三重顶 / 底形态等，对这些曲线形态加以分析可以找出合适的买卖点。

当 KDJ 曲线在 50 线上方的高位区域运行时，如果 KDJ 曲线的走势形成双重顶形态或三重顶等顶部反转形态，预示着股价由强势转为弱势，股价即将大跌，视为卖出信号。

实例分析

KDJ 双重顶形态卖出百川能源（600681）

如图 8-14 所示为百川能源 2018 年 9 月 ~ 12 月的 K 线走势。从图中可以看百川能源股价表现为先下跌，然后拉升上涨。但是在上涨的过程中 KDJ 曲线形态在 50 线上方的高位区形成双重顶形态，表示股价上涨至顶，后市股价将大跌，是卖出信号。

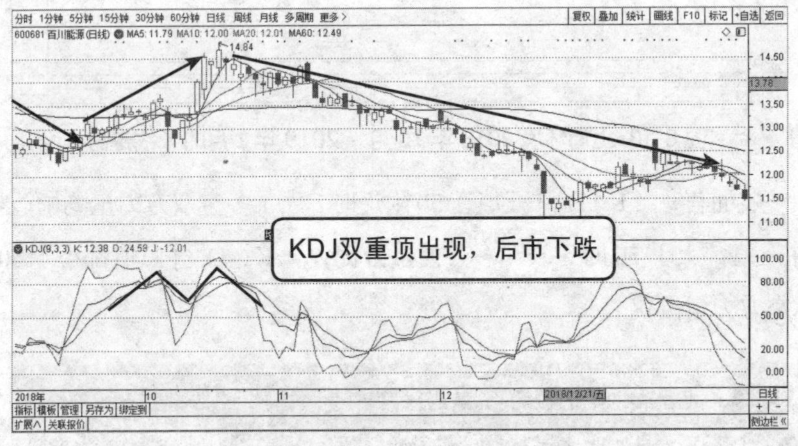

图 8-14 百川能源 2018 年 9 月 ~ 12 月的 K 线走势

KDJ 曲线在 50 线下方的低位区运行时，如果 KDJ 曲线走势出现了双重底形态或三重底形态，预示股价将由弱势转为强势，股价即将大涨，视为买入信号。

实例分析

KDJ 双重底形态买入快克股份（603203）

如图 8-15 所示为快克股份 2018 年 8 月 ~ 2019 年 3 月的 K 线走势。从图中可以看到快克股份的股价在 10 月上旬之前一直表现为下跌，但在下跌的过程中 KDJ 曲线在 50 线下方形成双重底的反转形态，预示后市股价将上涨，为买入信号。

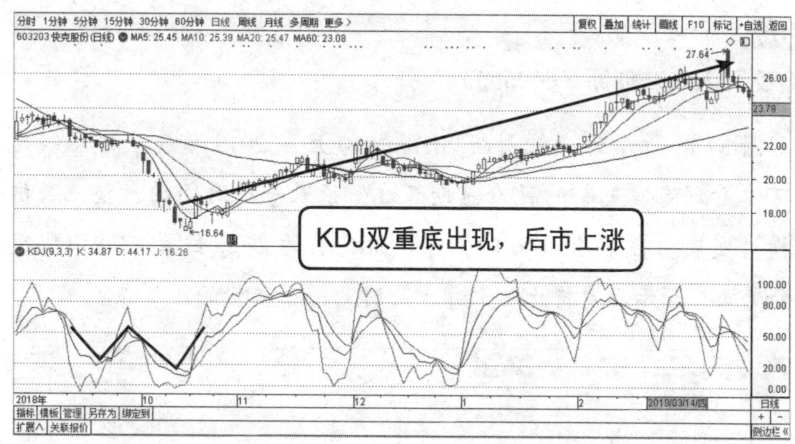

图 8-15 快克股份 2018 年 8 月 ~ 2019 年 3 月的 K 线走势

NO.117 KDJ 应用法则：KDJ 指标交叉

KDJ 指标 3 条曲线之间的交叉情况也是判断后市走向的重要工具，KDJ 指标的交叉分为黄金交叉和死亡交叉两种形式，下面来分别介绍。

（1）KDJ 的黄金交叉

在 KDJ 三线形成的交叉形态中，预示上涨的交叉，称为 KDJ 黄金交叉。KDJ 的黄金交叉分为两种情况。

◆ 当股价经过一段很长时间的低位盘整行情，并且 K、D、J 三线都处于 20 线附近徘徊时，一旦 J 线和 K 线几乎同时向上突破 D 线时，表明股市即将转强，股价跌势已经结束，将止跌朝上，投资者可以开始买进股票，进行中长线建仓。

◆ 当股价经过一段时间的上升过程中的盘整行情，并且 K、D、J 三线都处于 50 线附近徘徊时，一旦 J 线和 K 线几乎同时再次向上突破 D 线，成交量再度放量时，表明股市处于一种强势之中，股价将再次上涨，投资者可以加码买进股票或持股待涨。

实例分析

KDJ 金叉买入海航创新（600555）

如图 8-16 所示为海航创新 2018 年 10 月 ~ 2019 年 3 月的 K 线走势，从图可以看到海航创新的股价前期经过了很长一段时间的盘整，股价一直表现横盘发展。在 2 月 11 日时，在低价位区的 20 线位置 KDJ 曲线交叉形成黄金交叉，预示后市将止跌上升，此时为一个较好的买入点。

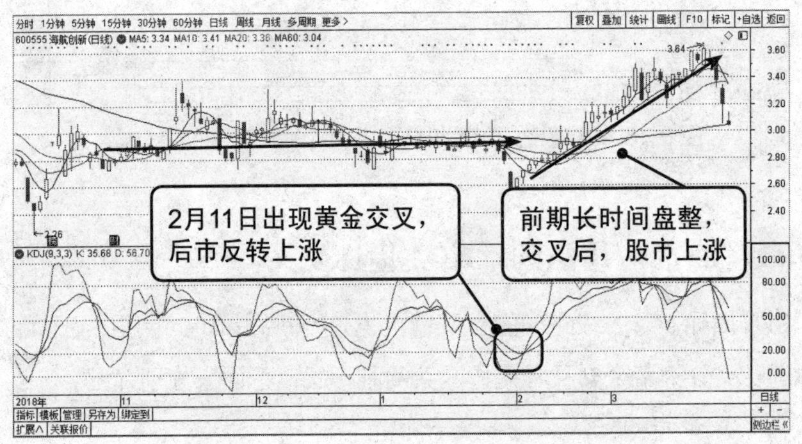

图 8-16 海航创新 2018 年 10 月 ~ 2019 年 3 月的 K 线走势

（2）KDJ 的死亡交叉

与黄金交叉相对的，预示后市股价下跌的交叉，称为 KDJ 死亡交叉。KDJ 的死亡交叉也有两种不同的情况。

- 当股价经过前期很长一段时间的上升行情后，股价涨幅已经很大的情况下，一旦 J 线和 K 线在高位（80 线以上）几乎同时向下跌破 D 线时，表明股市即将由强势转为弱势，股价将大跌。
- 当股价经过一段时间的下跌之后，而股价缺乏向上反弹的动力，各种均线对股价形成较强的压力时，KDJ 曲线在经过段短暂的反弹到 80 线附近，但没有重返到 80 线以上时，一旦 J 线和 K 线再次向下跌破D线时，表明股市将再次进入极度弱市中，股价还会继续下跌。

实例分析

KDJ死叉卖出恒润股份（603985）

如图8-17所示为恒润股份2018年3月～9月的K线走势，从图中可以看到，恒润股份前期股价一直表现上升趋势，在4月11日创出43.28元的高价，当日收带长上影线的小阳线，次日，股价低开震荡变化收出带长上下影线的小阳线，此时对应的4月12日，上升的KDJ曲线在80线附近形成死叉，预示上涨股价至顶，预示后市将强势变弱势，股价下跌，此时为一个较好的卖出点。

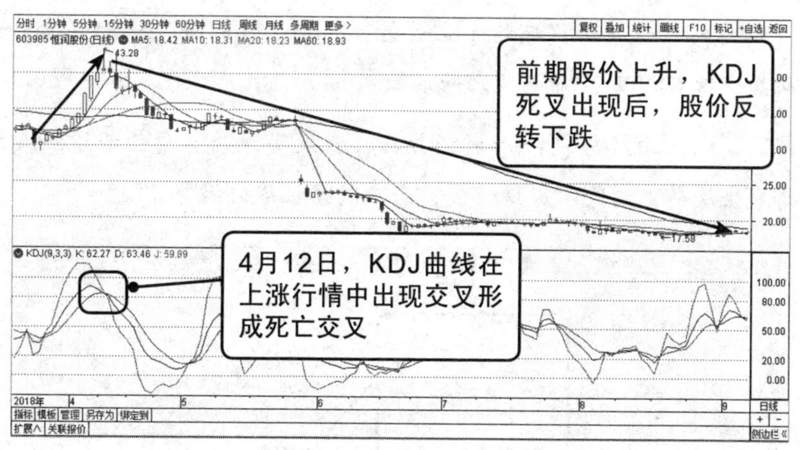

图8-17 恒润股份2018年3月～9月的K线走势

NO.118 KDJ应用法则：KDJ曲线的背离

KDJ曲线的背离指当KDJ指标的曲线图走势方向与K线图的走势方向相反。KDJ曲线的背离情况分为顶背离和底背离两种。

- **顶背离**：在股价的高位区域，股价的走势一峰比一峰高，呈现一直向上涨的趋势，但是KDJ指标的KDJ曲线走势却在一峰比一峰低，这是顶背离现象。顶背离为股价见顶反转的信号，表示股价中短期内即将下跌，是强烈的卖出信号。

- **底背离**：在股价的低位区域，股价的走势一峰比一峰低，呈现下跌趋势，但是KDJ指标中的KDJ曲线走势却一峰比一峰高，这是底背离现象。底背离为股价见底反转信号，表示股价中短期内即将上涨，是买入信号。

实例分析

顶背离卖出理工环科（002322）

如图8-18所示为理工环科2018年1月～2019年6月的K线走势。从图中可以看到该股股价前期处于上升行情，到2月中旬时股价继续上升、连创新高，但KDJ曲线却一顶比一顶低。

此时，KDJ曲线与K线形成顶背离，代表买方的力量已经逐渐减弱，后市将发生反转，股民不应该追买，而应该择机尽快抛售。

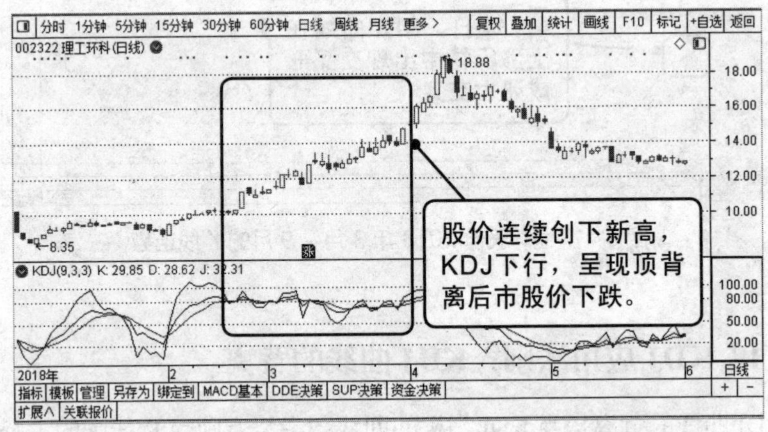

图8-18 理工环科2018年1月～2019年6月的K线走势

8.3 平滑异同移动平均线：MACD 指标

MACD 指标具有均线的趋势性、稳定性等特点，利用这些特点可以准确找出股票中的买卖点。它是专业投资者最常运用的技术指标之一，也被很多人认为是最有效的技术指标。

NO.119 MACD 的计算方法

MACD 是根据计算两条不同速度（长期与中期）的异同移动平均线（EMA）的差离状况来作对买卖点进行研判的技术指标。MACD 在行情软件副图窗口中显示，由差离值（DIF）、异同平均数（DEA）、柱状线（BAR）和 0 轴组成，如图 8-19 所示。

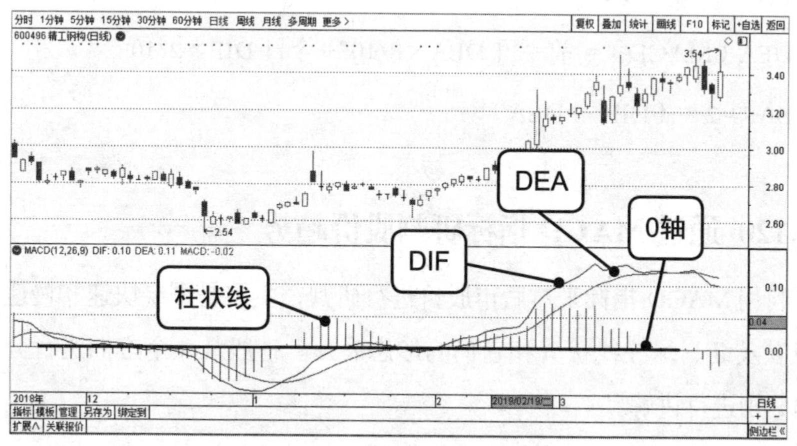

图 8-19 MACD 指标

MACD 中各个曲线和柱状线的含义如表 8-2 所示。

表 8-2 MACD 中曲线和柱状线的含义

曲线名称	含义
DIF 线	DIF 线是 EMA 和 26 日 EMA 的差值，12 日 EMA 是快速移动平均线，26 日 EMA 是慢速移动平均线。在持续上涨的趋势中，快速移动平均线在慢速移动平均线上，则 DIF 会越来越大，且向上走

续表

曲线名称	含义
DEA 线	DEA 线是 DIF 的 9 日移动平均线，也就是说快速移动平均线减去慢速移动平均线的 DIF 在 9 个交易日的平均值构成的平滑曲线
BAR 柱线	BAR 柱线是由 DIF 减去 DEA 再乘以 2 得到的，这个柱状线的关键点在于观察它和 0 轴之间的关系。在 0 轴以下表示空方力量暂时增大，而在 0 轴以上表示多方力量有效控盘。在行情软件中，BAR 柱线通常以红绿两个颜色来表示，红色表示 BAR 值为正，绿色表示 BAR 值为负。通常将 BAR 由绿变红时视为买入点，反之为卖出点

EMA 的计算公式如下所示：

EMA（12）= 前一日 EMA（12）×11/13 + 今日收盘价 ×2/13

EMA（26）= 前一日 EMA（26）×25/27 + 今日收盘价 ×2/27

DIF= 今日 EMA（12）- 今日 EMA（26）

DEA（MACD）= 前一日 DEA×8/10 + 今日 DIF×2/10

BAR=2×（DIF － DEA）

NO.120 通过 MACD 指标研判股价趋势

利用 MACD 指标来对后市股价进行研判，主要是围绕快速和慢速两条均线以及红、绿柱线状况和它们的形态展开。一般从 4 个方面进行分析，下面分别进行讲解。

（1）根据 DIF 和 DEA 值所处的位置

DIF 和 DEA 的值以及线的位置主要有以下 4 种情况。

- 当 DIF 和 DEA 均大于 0（即在图形上它们显示的位置处于 0 轴以上）并且向上移动时，表示股市处于多头行情中，此时股民可以买入或持股，如图 8-20 所示。

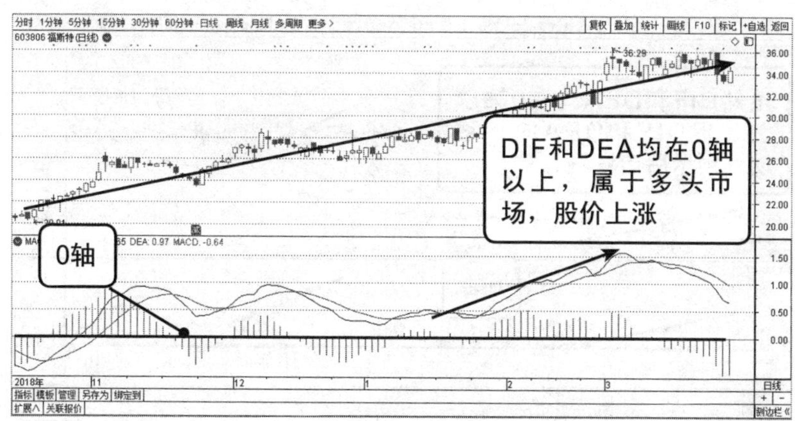

图 8-20 DIF 和 DEA 均在 0 轴以上

◆ 当 DIF 和 DEA 均小于 0（即在图形上它们显示的位置处于 0 轴以下）并且向下移动时，表示股市处于空头行情，此时股民可以卖出股票，如图 8-21 所示。

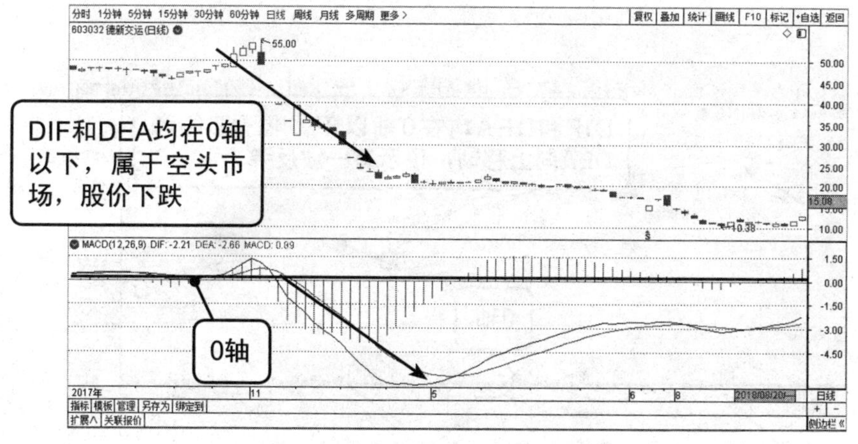

图 8-21 DIF 和 DEA 均在 0 轴以下

◆ 当 DIF 和 DEA 均大于 0（即在图形上它们显示的位置处于 0 轴以上）但是都向下移动时，表示股票行情处于多头市场的短期回调，在总体看多的情况下，可以先卖出股票观望，如图 8-22 所示。

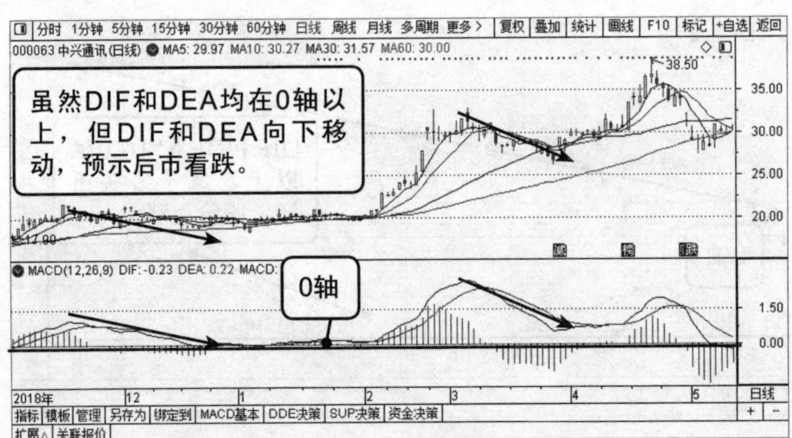

图 8-22 DIF 和 DEA 均在 0 轴以上的卖出信号

◆ 当 DIF 和 DEA 均小于 0 时（即在图形上它们显示的位置处于 0 轴以下）但向上移动时，一般表示为空头市场的反弹阶段，股票将上涨，在总体看空的情况下，可以少量买进股票短线操作，如图 8-23 所示。

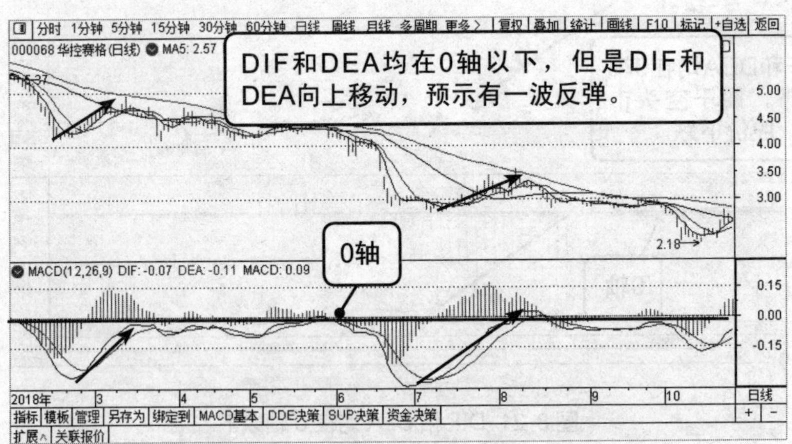

图 8-23 DIF 和 DEA 均在 0 轴以下的买入信号

（2）根据 DIF 和 DEA 的交叉情况

DIF 和 DEA 的交叉情况也分为黄金交叉和死亡交叉，如图 8–24 所示。

①当 DIF 和 DEA 都处于 0 轴以上，而 DIF 向上突破 DEA 时，表示股市处于强势行情，股价将再次上涨，此时股民可以大量买进，这是 MACD 指标的黄金交叉一种形式。

②当 DIF 和 DEA 都在 0 轴以下，而 DIF 向上突破 DEA 时，表明股市即将转强，股价跌势已尽，将止跌朝上，可以开始买进股票或持股，这是 MACD 指标黄金交叉的另一种形式。

③当 DIF 与 DEA 都在 0 轴以上，而 DIF 却向下突破 DEA 时，表明股市即将由强势转为弱势，股价将大跌，这时应卖出大部分股票而不能买进股票，这就是 MACD 指标的死亡交叉的一种形式。

④当 DIF 和 DEA 都在 0 轴以上，而 DIF 向下突破 DEA 时，表明股市将再次进入极度弱市中，股价还将下跌，可以卖出股票或观望，这是 MACD 指标死亡交叉的另一种形式。

图 8-24 交叉情况

（3）MACD 指标中的柱状线分析

在股市电脑分析软件中通常采用 DIF 值减 DEA 值绘制成柱状线，用红柱状和绿柱状来表示，红柱表示正值，绿柱表示负值。用颜色分明的柱状线形来分析行情，更加直观、准确。依靠 MACD 指标中的柱状线分析股市走向主要有 4 种情况。

当红柱状线持续放大时，表示股市处于牛市行情，股价将持续上涨，此时股民可以持股看涨，或者短线买入，直到红柱无法再放大时再考虑卖出，如图 8–25 所示。

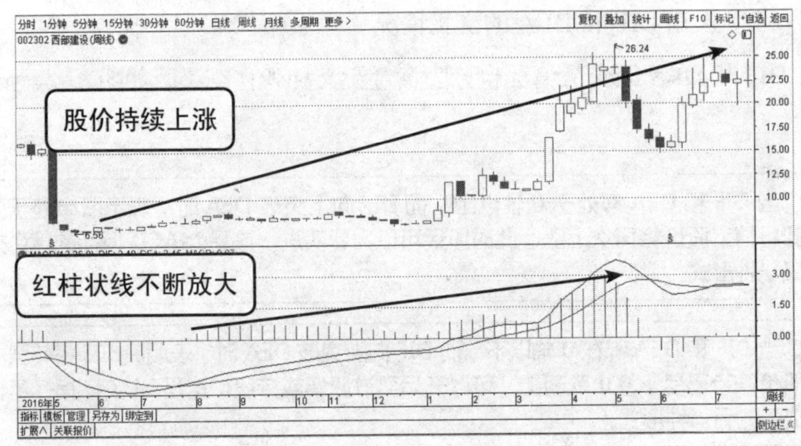

图 8-25 红柱状线持续放大

当绿柱状线持续放大时，表示股市处于熊市行情，股价将持续下跌，此时股民应该持币观望，或卖出股票，直到绿柱开始缩小时才考虑少量买入股票，如图 8–26 所示。

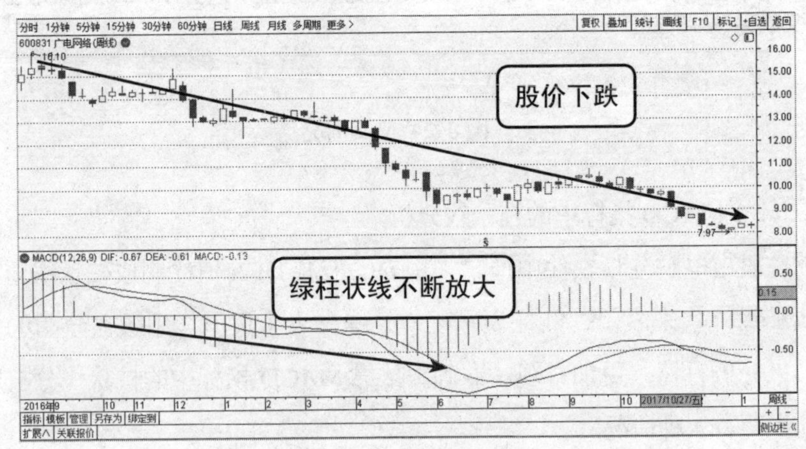

图 8-26 绿柱状线持续放大

当红柱状线开始缩小时，表示股市牛市即将结束，股价将大幅度下跌，此时股民应该卖出股票，如图 8–27 所示。

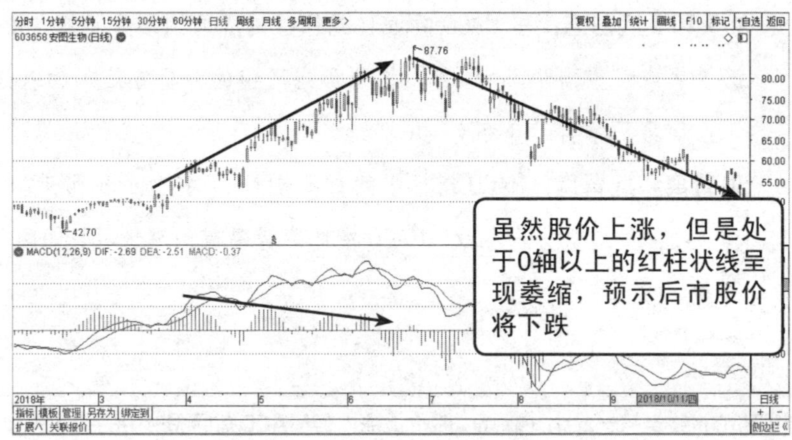

图 8-27 红柱状线持续缩小

当绿柱状线开始收缩时，表示股市的大跌行情即将结束，股价将止跌向上，此时股民可以少量买入，准备长期投资，如图 8-28 所示。

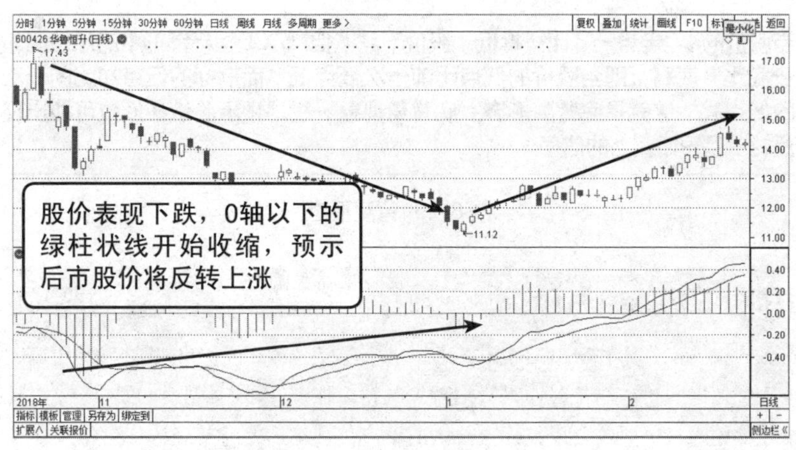

图 8-28 绿柱状线持续缩小

（4）根据 MACD 图形的形态

MACD 指标研判股市走向还可以利用 MACD 图形的形态来完成，常见的形态有以下几种。

- **M 头和 W 底形态**：当 MACD 的红柱或绿柱构成的图形为 M 头、W 底、三重底或三重顶形态时，可以按照形态理论的分析方法来加以分析。（前面第 7 章有过介绍）
- **顶背离和底背离**：MACD 指标中的背离指 MACD 指标的图形走势正好和 K 线图的走势方向相反，MACD 指标的背离有两种情况，如图 8-29 所示。

顶背离

当股价的K线走势一峰比一峰高，股价上涨，但MACD指标图形中的红柱图却一峰比一峰低，即当股价的高点比前一次的高点高，而MACD指标的高点比前一次的高点低，这就是顶背离形态。顶背离现象一般是股价在高位即将转势的信号，表示股价在短期之内即将下跌，是卖出信号。

底背离

当股价的K线走势一峰比一峰低，股价下跌，但MACD指标图形中的绿柱图却一底比一底高，即当股价的低点比前一次低点低，而指标的低点却比前一次的低点高，这就是底背离形态。底背离现象一般是预示股价在低位可能出现反转，是短期买入的信号。

图 8-29　背离形态

小贴士 *MACD 形态分析注意点*

在实际的投资操作中，MACD 指标背离一般出现在强势行情中时其准确性更高，可信度更强，即股价在高位时通常只出现一次背离形态即可确认股价即将反转。但是股价在低位时，一般需要反复出现几次的背离情况之后才能够确认。因此，MACD 指标的顶背离分析比底背离更准确，股民在分析时需要进行综合分析。

第9章

重中之重的成交量

成交量反映的是股票在市场中的活跃程度，也是判断多方和空方力量强弱的关键，对后市股价走向有重要意义。另外，分析时将成交量与股价相结合，得到的结论会更加准确。

NO.121 成交量的概述
NO.122 成交量均量线
NO.123 成交量分析中常用的相关指标
NO.124 放量形态
NO.125 缩量形态
NO.126 天量形态
…………

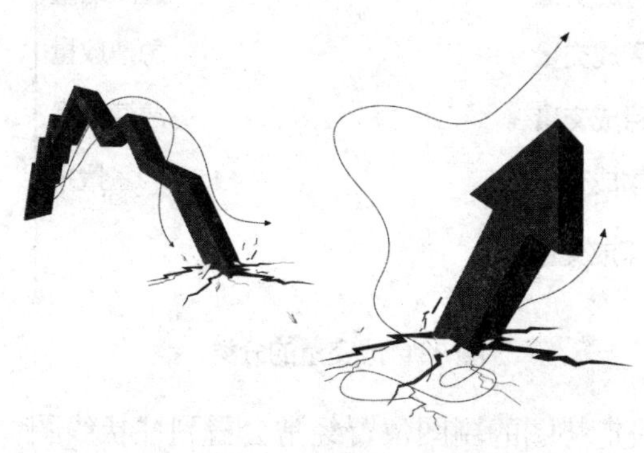

9.1 认识成交量

为了创造收益，股市中常常会出现一些具有蛊惑性的虚假消息，刺激股民做出不理智的投资举动。但是，股民需要明白的是，虽然在股市中很多的数据和信息都可以造假，唯独成交量不可以，因为它是真正的买卖交易过程，所以关于成交量的技术分析也是准确性较高的一项指标。

NO.121 成交量的概述

成交量指当天成交的股票总手数。一般情况下，成交量大且价格上涨的股票，趋势向好。成交量持续低迷时，一般出现在熊市或股票整理阶段，市场交投不活跃。成交量是判断股票走势的重要依据，对分析主力行为提供了重要的依据。

成交量可以从时间和形态上对其进行划分，如图 9-1 所示。

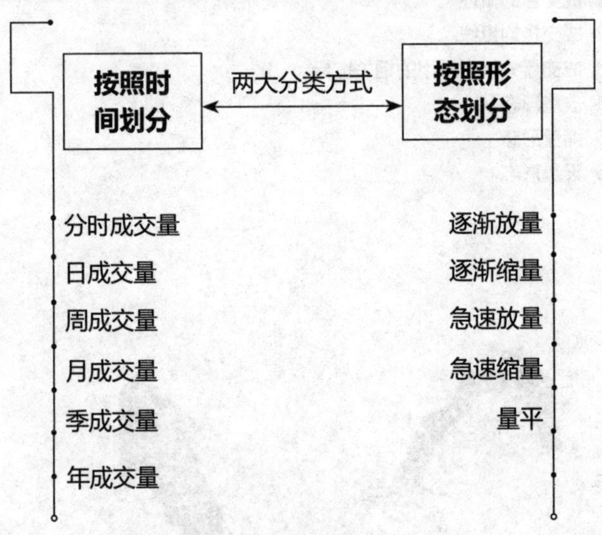

图 9-1 成交量的分类

在股票的 K 线走势图的副图位置经常会看到柱状线图，其中的柱状线就是成交量，而柱状线的长短则表示交易数量的大小。如图 9-2 所示为东旭蓝天（000040）2018 年 9 月 ~ 2019 年 3 月的 K 线走势及其对应的成交量。

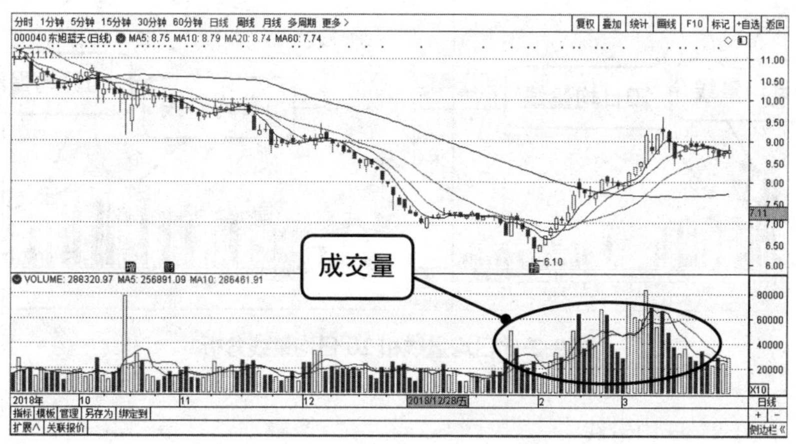

图 9-2 2018 年 9 月 ~ 2019 年 3 月的 K 线走势及其对应的成交量

NO.122 成交量均量线

成交量均量线是一种反映一定时期内市场平均成交情况的技术指标。它是将一定时期内的成交量相加之后取平均值，在成交量的柱形图中形成比较平滑的曲线。在实际的分析操作中常常运用的是 5 日均量线、10 日均量线、35 日均量线以及 135 日均量线。

（1）5 日均量线和 10 日均量线

5 日均量线和 10 日均量线作为成交量涨跌的重要判断依据，具有重要的指导意义。当 5 日均量线在 10 日均量线下方向下运行且无拐头走势时，说明跌势将继续，如 9-3 左图所示。当 5 日均量线在 10 日均量线上方运行时，说明股价将反复震荡上涨，如 9-3 右图所示。

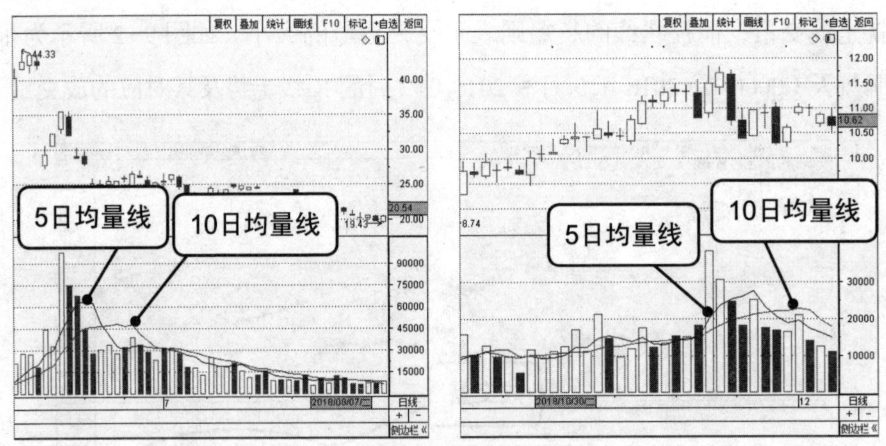

图 9-3 5 日均量线和 10 日均量线分析

（2）35 日均量线

35 日均量线是主力洗盘线，个股在上涨的过程中，忽然在某一天或者连续几天成交量放大，突破 35 日均量线，此时说明资金异动，需要引起注意。

个股在上涨过程中，成交量持续放大，必然引起 5 日均量线上穿 35 日均量线，形成金叉。如果金叉的当日成交量是 5 日均量的两倍以上，则为最佳买入点。此时为主力洗盘拉升阶段，随着股价的再创新高，如果 5 日均量线向上乏力，有拐头现象，出现下穿 35 日均量线的走势，一旦量缩价跌，就是短线卖点。

实例分析

在黄金交叉点买入宝钛股份（600456）

如图 9-4 所示为宝钛股份 2018 年 9 月 ~ 2019 年 3 月的 K 线走势，从图中可看到，宝钛股份的股价前期处于横盘发展，缓慢上升的走势。在 1 月 7 日，5 日均量线向上突破 35 日均量线，形成金叉，当天的成交量为 5 日均量线的两倍以上，后市股价将大幅上涨，此时为最佳买入点。

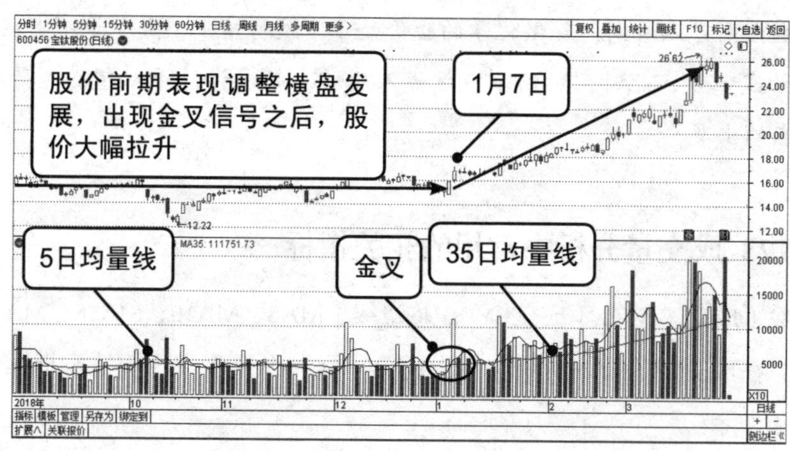

图 9-4 宝钛股份 2018 年 9 月 ~ 2019 年 3 月的 K 线走势

（3）135 日均量线

135 日均量线是资金异动线，股价经过长时间的下跌，成交量一直萎缩在 135 日均量线之下。此时，不是介入的时机，而应该持币观望。

实例分析

135 日均量线下谨慎买入百傲化学（603360）

如图 9-5 所示为百傲化学 2018 年 7 月 ~12 月的 K 线走势。

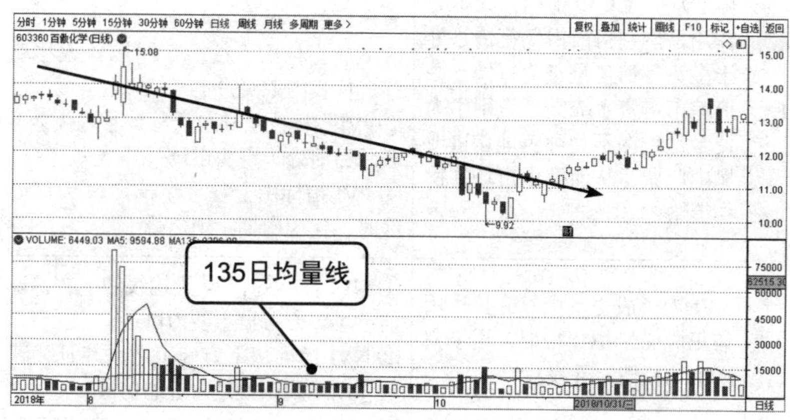

图 9-5 2018 年 7 月 ~ 11 月的 K 线走势

从上图可以看到，百傲化学的股价处于下跌行情中，成交量一直在135日均量线下方。此时，股民不应该买入股票，而应该持币观望，等待阶段性低点的出现。

NO.123 成交量分析中常用的相关指标

除了成交量VOL（成交量）、均量线（MA5、MA10、MA20、MA60）之外，在成交量的技术分析中常常还会用到以下一些常用的技术指标，如表9-1所示。

表9-1 常用的技术指标

指标	意义	运用
OBV	OBV线称为OBV能量潮，是将成交量值予以数字化并绘制成趋势线，配合股价趋势，从价格的变动，以及成交量的增减关系预测市场走势	①股价一顶比一顶高，而OBV一顶比一顶低，暗示头部即将形成； ②股价一底比一底低，而OBV一底比一底高，暗示底部即将形成； ③ OBV突破其N字形波动的高点次数达5次时，为短线卖点； ④ OBV跌破其N字形波动的低点次数达5次时，为短线买点
PVI	PVI为正成交量指标，其主要作用是辨别目前市场行情是处于多头行情还是空头行情，并追踪市场资金流向，识别主力资金是否在不动声色地购进或抛出股票，从而得出市场的操作策略	①PVI指标位于其N天移动平均线之上时，表示目前处于多头市场； ② PVI指标由下往上穿越其N天移动平均线，代表中期买进信号； ③PVI指标位于其N天移动平均线之下时，表示目前处于空头市场； ④ PVI指标由上往下穿越其N天移动平均线时，代表中期卖出信号
NVI	NVI为负成交量指标，其作用与正成交量指标相似，用于判断市场行情，寻找买卖点	① NVI指标处在N天均线的上方，说明当前市场多方占据主要力量； ② NVI指标从下方向上运动并且突破了N天移动均线，就是买进的信号

续表

指标	意义	运用
NVI	NVI 为负成交量指标，其作用与正成交量指标相似，用于判断市场行情，寻找买卖点	③ NVI 指标处在 N 天均线的下方，说明当前市场空方占据主要的力量； ④ NVI 指标从 N 天均线的上方下穿均线的时候，就是卖出的信号； ⑤ NVI 指标和 PVI 指标同时向上运动并且穿破 N 天均线，就是大多头信号

9.2 成交量的基本形态

随着时间的累积，那些或高或低的成交量柱线会形成各种各样的形态，这些形态也是分析股价后市走向的重要指标。成交量的形态通常有 4 种基本类型，包括放量、缩量、天量以及地量。

NO.124 放量形态

放量指个股在某个阶段中的成交量与其历史成交量相比明显增大的形态。放量是支持一轮强势行情的基础，出现放量形态说明市场中形成了明显的买卖双方对立的多空双方，多方认为买入机会来临，于是急于买入筹码；空方则认为顶部将至，于是急于抛售筹码，导致空方抛出，多方接盘。

虽然都是放量的形态，但是在不同的区域中放量形态的意义也不同。

- **股价高价区域**：在股价上升行情中的高价区域，成交量形成放量形态，说明股价有可能出现触顶反转，后市下跌。此时，股民应该谨慎操作，见好就收。

◆ **股价低价区域**：在股价长久下跌的趋势中，股价运行至低价区域后，成交量出现放量形态，说明行情可能见底，后市可能反转，股价向上拉升。此时，股民可以考虑介入持股。

如图 9-6 所示为成交量放量形态。

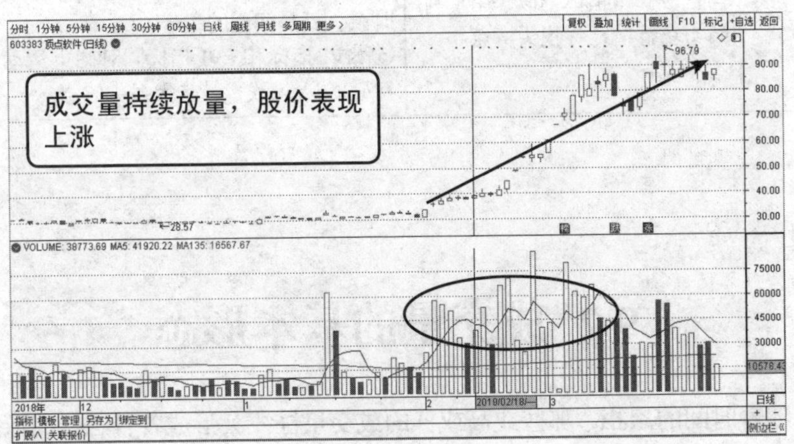

图 9-6 放量形态

NO.125 缩量形态

缩量与放量相对，指个股在某个阶段中的成交量与其历史成交量相比明显减小的形态。缩量通常发生在个股股价缓慢上升或缓慢下跌的趋势中期，市场中的投资者对于股票后市走势意见基本一致，所以减少交易，从而导致市场冷清。

成交量缩量形态主要有两种情况：一是下跌过程中的缩量，持股人对后市没有信心，想要卖出股票，却没有人买入；二是上升过程中的缩量，股民对后市都表现看好，想要买入，却没有人卖出。

如图 9-7 所示为上升过程中的缩量形态。

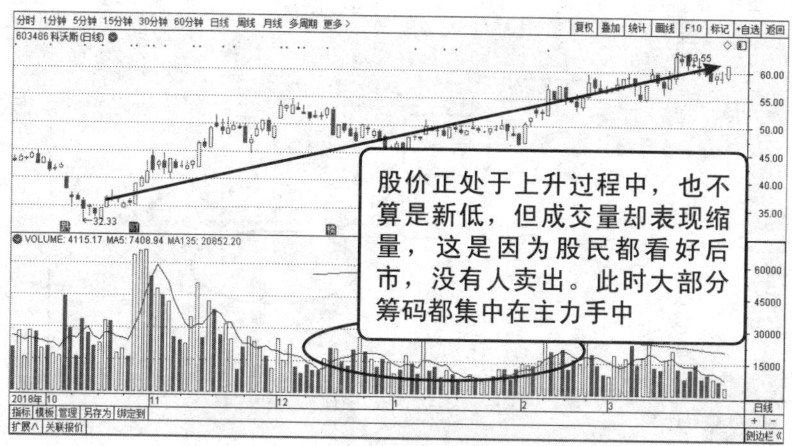

图 9-7 上升过程中的缩量形态

如图 9-8 所示为下跌过程中的缩量形态。

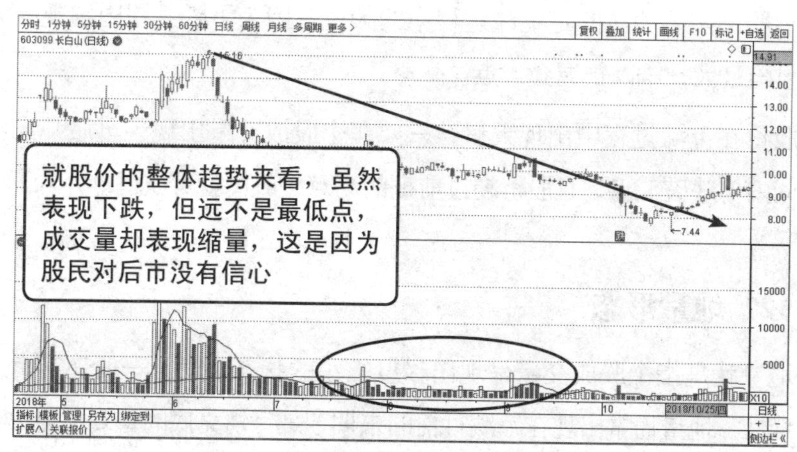

图 9-8 下跌过程中的缩量形态

NO.126 天量形态

天量指在股价运行过程中突然放出的一股巨大的量，远远超过前期的量，并且至少是前一天成交量的两倍以上，如图 9-9 所示为天量形态。

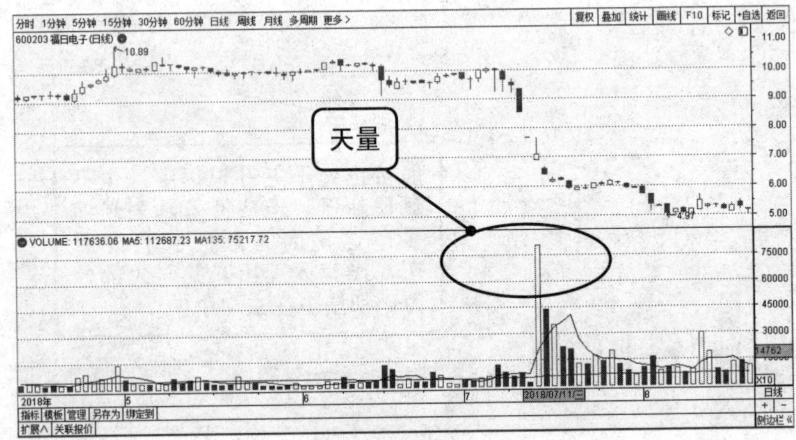

图 9-9 天量形态

天量的出现根据行情的不同阶段进行分析判断，通常在实际的投资操作中，股民需要关注的是上涨过程中的天量。因为下跌过程中出现的天量操作风险过大，难以把握介入点。

股价在上涨过程中出现天量，只要在个股成交量出现天量后几天左右的时间内不跌破低点，且股价超过前期的高点，股民就可以适量介入。

NO.127 地量形态

地量就是指个股成交量呈现出极度缩小的状态，而且一般还具有一定的持续性。地量通常出现在下跌行情的末期，是行情见底的重要反转信号。一般而言，成交量要缩至顶部最高成交量的20%以内，则估计行情有望见底，如果成交量大于这个比例，说明股价仍有下跌空间。

地量在行情清淡的时候出现的最多。在行情清淡的时候，人气涣散，交投不活跃，股价波动幅度较窄，持股的不想卖股，持币的不愿买股，于是地量就出现了。如图 9-10 所示为地量形态。

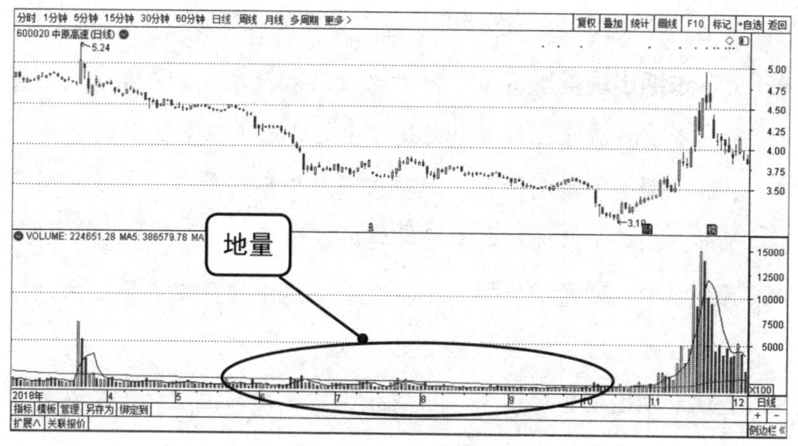

图 9-10　地量形态

9.3　量价关系组合形态

量价关系是成交量分析中的重要组成部分，也是分析大盘走势的重要工具。根据成交量与股价之间的关系变化，可以将其分为 8 种不同的组合形式。

NO.128　量增价平

量增价平指虽然成交量的放大，但是股价走势却在一定价位区间内水平波动，并没有因为得到成交量的支持而出现股价上涨的情况。个股在不同的阶段中出现量增价平的现象，代表的意义不同。

- **上升初期出现量增价平**：表示底部在积聚上涨的动力，后市股价有可能出现大幅拉升，股民可以适量买入。
- **上升途中出现量增价平**：预示盘中有一定量的抛压，此时只要形态向上，没有跌破 60 日均线，后市可以继续看多。

- **上升末期出现量增价平**：由于前涨幅比较大，在高位区域出现增量意味着放量滞涨，是主力在托盘出货，股民应当适当减仓。
- **下跌初期出现量增价平**：出现在下跌初期的量增价平是一个下跌整理形态，后市继续看空，股民可以退场观望。
- **下跌途中出现量增价平**：出现在下跌途中的量增价平是主力托价出货的信号，股民应当尽快退出观望。
- **下跌末期出现量增价平**：出现在下跌末期的量增价平是资金介入的现象，后市股价有望止跌回升。

实例分析

下跌末期出现量增价平买入盈趣科技（002925）

如图 9-11 所示为盈趣科技 2018 年 7 月 ~ 12 月的 K 线走势，从图中可以看到，盈趣科技的股价前期一直处于下跌走势，在下跌走势的末期成交量放大，但是股价却维持在一水平线上下波动，形成一个整理平台，表示资金正在介入，后市有望回升。

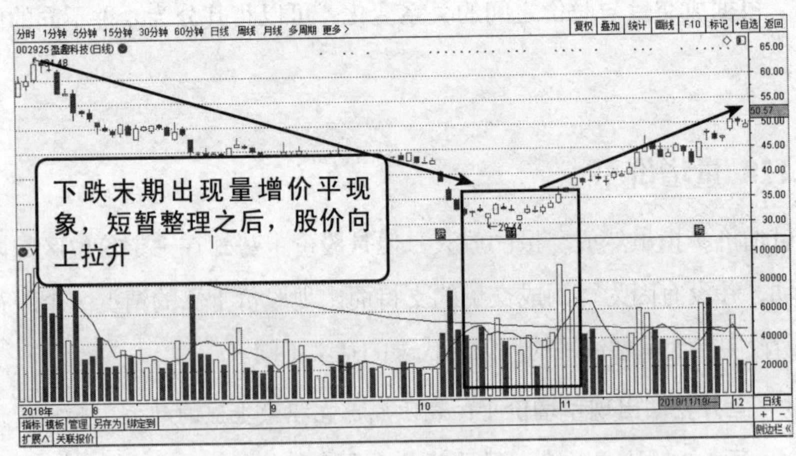

图 9-11 盈趣科技 2018 年 7 月 ~ 12 月的 K 线走势

NO.129 量增价升

量增价升指在成交量放大的同时，股价也表现出上升行情，这种量价配合的情况也有可能出现在不同的阶段中，各阶段量增价升的市场意义如图 9–12 所示。

上升初期

在股价上涨的初期出现量增价升，表示股价触底之后，多方力量逐渐增强，为明显的上涨信号。此时，股民可以积极介入。

上升途中

在股价上涨的途中出现量增价升，说明前期的上涨情况得到了众多股民的认可，有更多的场外资金不断流入，后市股价还会继续上涨，股民可继续持股做多。

上升末期

经过一段时间的上涨之后，在末期出现量增价升现象，说明多方开始利用筹码进行对倒放量，借机出货，为转势信号，股民不要盲目跟进，应该见好就收。

下跌初期

在下跌的初期出现量增价升，很有可能是主力在诱多，股民不要盲目跟进。

下跌途中

在下跌的途中出现量增价升现象往往是股价反弹，如果成交量不能持续性的放量，那么反弹行情即将结束。技术熟练的投资者可短期抢反弹操作。

图 9-12 不同阶段中的量增价升

实例分析

上升初期出现量增价升买入中旗股份（300575）

如图 9–13 所示为中旗股份 2018 年 8 月 ~ 2019 年 3 月的 K 线走势，从图中可以看到，股价经过一段时间的盘整之后开始向上攀升。此时出现成交量放大，股价上升的情况，说明多方量逐渐增强，后市股价看涨。

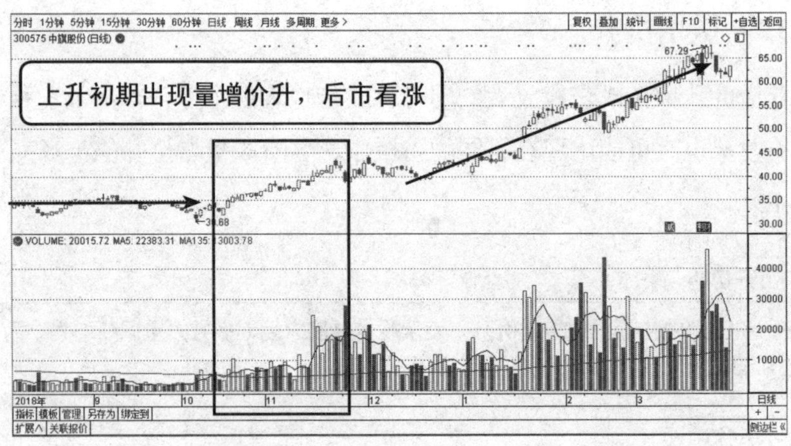

图 9-13 中旗股份 2018 年 8 月 ~ 2019 年 3 月的 K 线走势

NO.130 量增价跌

量增价跌指成交量放大的时候，股价不涨反跌，股价出现与成交量相反的走势。这是一种量价背离的现象，在不同的阶段中具有不同的意义，如表 9-2 所示。

表 9-2　不同阶段中的量增价跌

阶段	意义
上升初期	在上涨初期出现量增价跌现象，往往是主力在震仓洗盘，只要不跌破重要支撑位 30 日均线，股民仍然可以持股做多
上升途中	在上涨途中出现量增价跌现象，预示可能会有深幅的调整，但也可能是短暂的打压，只要股价回调不破 60 日均线，且 60 日均线始终向上运行，后市仍被看好
上升末期	在经过较大涨幅之后，在高位区域如果出现量增价跌现象，表示做多力量减弱，行情即将发生反转
下跌初期	在下跌初期出现量增价跌现象，说明主力出逃，股民应该立即清仓
下跌途中	在下跌途中出现量增价跌现象，说明股价做空动能强烈，后市将继续下跌

续表

阶段	意义
下跌末期	在下跌末期出现量增价跌现象，有可能是主力正在介入，预示底部即将形成，后市可能会发生反转

实例分析

下跌末期出现量增价跌买入德赛电池（000049）

如图 9-14 所示为德赛电池 2018 年 5 月 ~ 11 月的 K 线走势，从图中可以看到，德赛电池的股价在前期经过很长一段时间的下跌走势，在下跌走势的末期出现量增价跌的现象，说明有多方进场承接空方抛出的筹码，买盘较为积极，后市有可能形成底部。

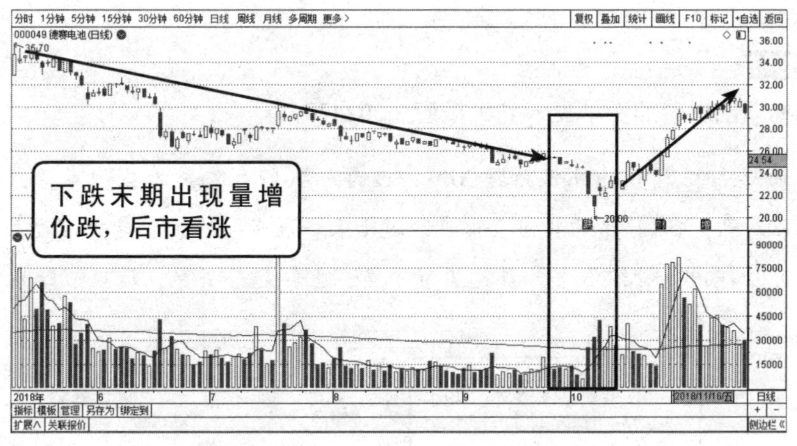

图 9-14 德赛电池 2018 年 5 月 ~ 11 月的 K 线走势

NO.131 量缩价平

量缩价平指成交量出现萎缩，但股价走势几乎在一定价位区间内水平波动。不同阶段中出现的量缩价平现象具有不同的市场意义。

- **上升初期**：在上涨初期出现量缩价平现象，表示市场方向不明确，股民应该观望。

- **上升途中**：在上涨途中出现量缩价平现象，说明多空暂时平衡，由于上涨的趋势比较明显，如果没有其他因素影响，那么趋势一般不会发生变化，后市可以继续看多。
- **上升末期**：经过一段时间的上涨之后，在高位区域出现量缩价平现象，说明场内做多意愿不强，后市股价下跌的可能性较大。
- **下跌初期**：在股价下跌初期出现量缩价平，说明此事市场多头无意向上反攻，为弱势信号，后市继续看空。
- **下跌末期**：在股价大幅度下跌的末期出现量缩价平现象，如果成交量持续缩小，说明此时市场做空动能衰竭，标志底部已经不远，股民可以逐步建仓。

实例分析

上升初期出现量缩价平买入立讯精密（002475）

如图 9-15 所示为立讯精密 2018 年 9 月 ~ 2019 年 4 月的 K 线走势，从图中可以看到，立讯精密的股价在前期经过很长一段时间的震动走势之后上升，在上升初期出现量缩价平，多空暂时平衡，上升趋势明显，后市继续看多。

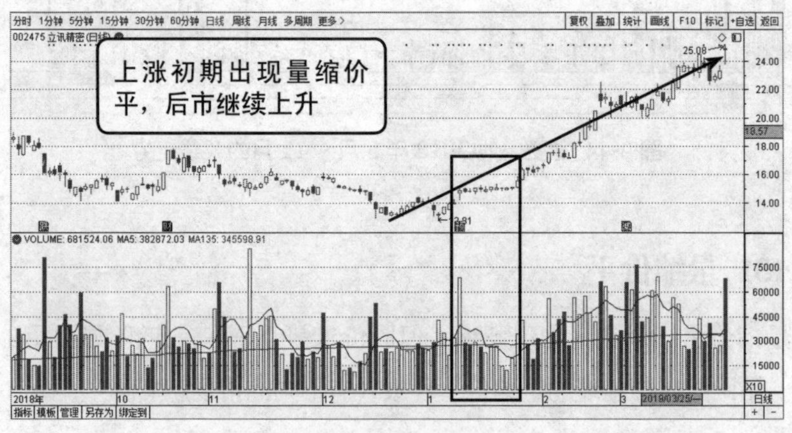

图 9-15 立讯精密 2018 年 9 月 ~ 2019 年 4 月的 K 线走势

NO.132 量缩价升

量缩价升指成交量出现缩小，但是股价走势却表现出上涨的反向发展趋势。不同阶段中出现的量缩价升现象具有不同的市场意义，如图9-16所示。

上升初期	在股价上升初期出现量缩价升的走势，股价上涨无成交量配合，预示股价上涨有限，后市可能会回落，股民可以观望，不要急于介入。
上升途中	在股价上升的途中出现量缩价涨的走势，说明主力已经控制了大部分筹码并继续锁仓拉升做多，股民此时可以积极介入。
上升末期	经过一段时间有了较大的涨幅后，在股价高位区出现量缩价升现象，这是明显的量价背离走势，是行情反转的信号，股民需要谨慎操作。
下跌初期	出现在下跌的初期，此时刚刚形成跌势，量缩说明多头不敢再全力拉升，除非有重大利好，后市再度下跌的可能性极大。
下跌途中	如果在经过一波下跌之后，在反弹过程中出现了量缩价升的现象，说明反弹没有得到市场的认可，通常反弹的高度并不会太高。
下跌末期	在较大跌幅末期的整理形态中出现量缩价升现象，股价往往会冲高回落，然后继续整理，股民此时可以继续观望，谨慎做多。

图 9-16 不同阶段中的量缩价升

实例分析

上升末期出现量缩价升卖出融捷股份（002192）

如图 9-17 所示为融捷股份 2018 年 2 月 ~ 10 月的 K 线走势。从图中可以看到，融捷股份的股价前期处于上升走势，经过一段时间的上升之后在高位区出现量缩价升现象，这是主力开始出货的迹象。此后几个交易日股价走势疲软乏力，后市股价将出现下跌。

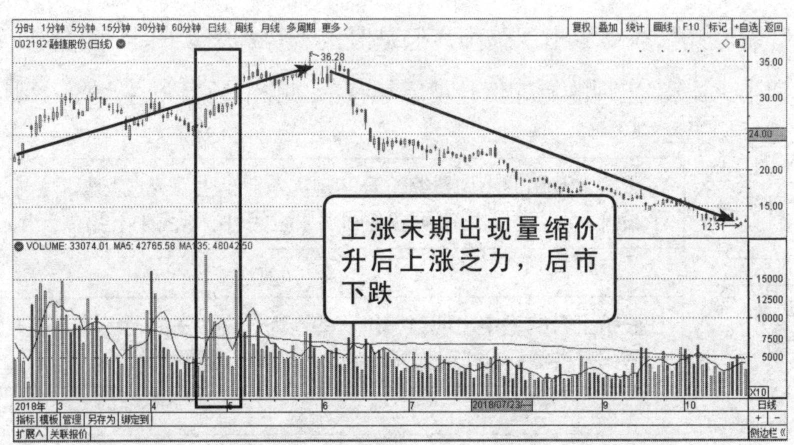

图 9-17 融捷股份 2018 年 2 月~ 10 月的 K 线走势

NO.133 量缩价跌

量缩价跌是指在成交量减少或萎缩的时候，股价也发生下跌。不同阶段中出现的量缩价跌其市场意义不同，具体如下所示。

- **上升初期**：在上涨的初期出现量缩价跌现象是正常的股价回落整理，股民可以逢低买入。
- **上升途中**：在上涨的途中出现量缩价跌现象，如果后市的股价仍然表现做多，那么股价会继续向上走出上涨行情，反之将会出现反转，股民需要谨慎操作。
- **上升末期**：经过一段时间的上涨行情，有了较大涨幅之后，在高位区域出现量缩价跌现象，如果成交量仅仅是小幅度的减少，这是主力开始出货的信号。如果股价能够上涨创出新高，则仍然可以继续看好后市；如果连续的几个交易日股价走势疲软，持股的投资者应该谨慎操作。

- **下跌初期**：在下跌初期出现量缩价跌现象，如果成交量表现急剧萎缩，而且在几个交易日后成交量也没有出现明显增加，后市看跌。
- **下跌途中**：在下跌的途中出现量缩价跌现象为弱势信号，股价下跌不需要成交量支持，后市仍然看空。
- **下跌末期**：经过了大幅度的下跌之后出现量缩价跌现象，股价可能会出现反弹，此时股民可以对其进行密切关注，但不要急于介入。

实例分析

上升途中出现量缩价跌买入三维股份（603033）

如图 9-18 所示为三维股份 2018 年 10 月 ~ 2019 年 3 月的 K 线走势，从图中可以看到，三维股份的股价在上涨行情中出现下跌走势，此时成交量表现缩量，但是之后的几个交易日股价仍然做多，后市股价将继续上升。

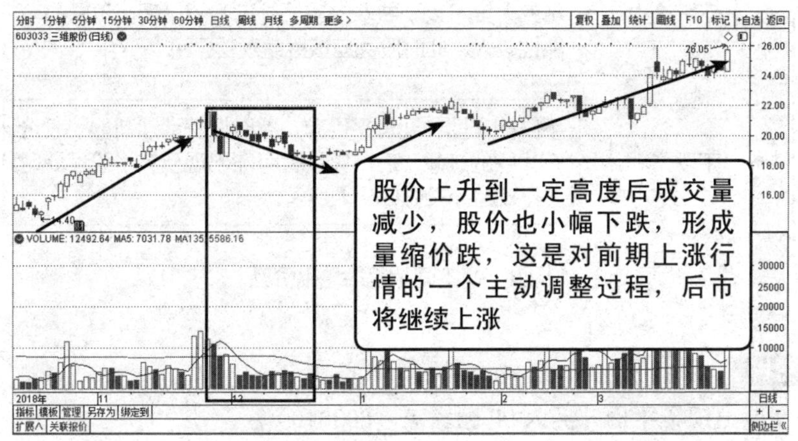

图 9-18 三维股份 2018 年 10 月 ~ 2019 年 3 月的 K 线走势

NO.134 量平价升

量平价升指成交量几乎在一定幅度水平波动的同时，股价表现上升的走势，在不同阶段的市场中，其意义也不同，如图 9-19 所示。

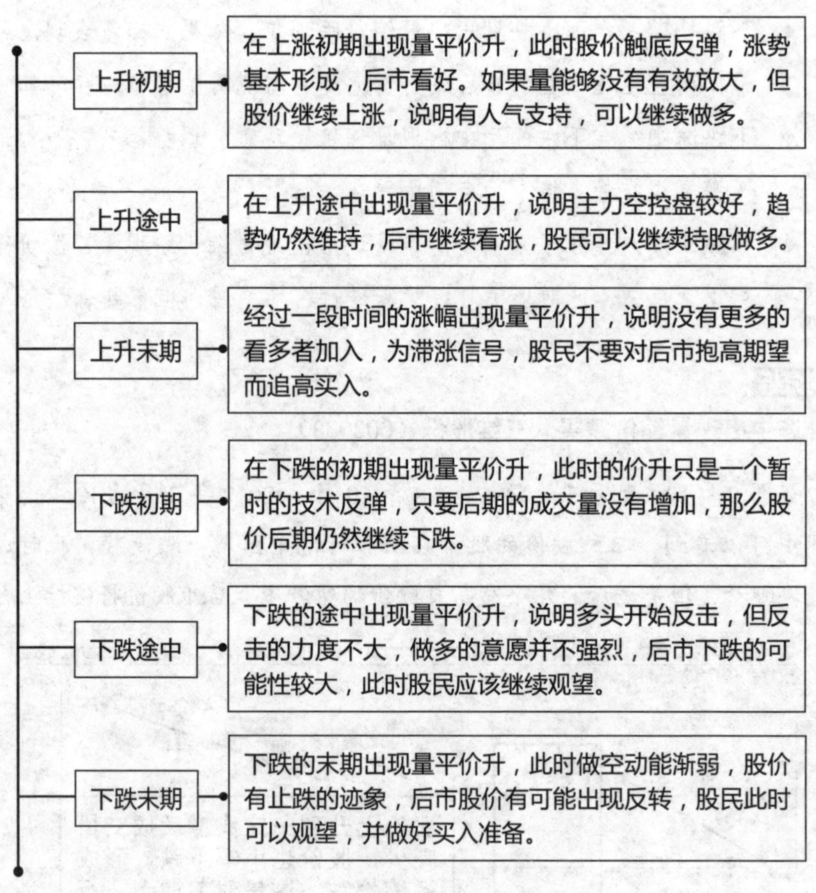

图 9-19 不同阶段的量平价升

实例分析

上升初期出现量平价升买入 DR 顾家家（603816）

如图 9-20 所示为 DR 顾家家 2018 年 11 月 ~ 2019 年 4 月的 K 线走势，从图中可以看到，DR 顾家家的股价前期走势为震荡下跌的状态，从 1 月初开始股价止跌上升，此时成交在一定水平位置呈现小幅度的波动，相对稳定，说明此时有资金介入，后市看好。

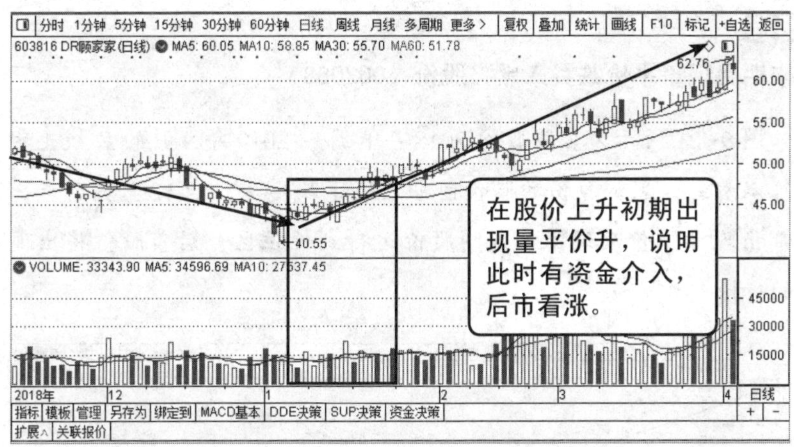

图 9-20 DR 顾家家 2018 年 11 月 ~ 2019 年 4 月的 K 线走势

NO.135 量平价跌

量平价跌指成交量几乎在一定幅度水平波动的同时，股价表现下跌的走势。在不同阶段的市场中，其意义也不同，如表 9-3 所示。

表 9-3 不同阶段中的量平价跌

阶段	意义
上升初期	在上涨初期出现量平价跌，预示此阶段抛压大，主力利用整理平台来消化获利回吐压力，只要股价没有跌破 60 日均线，后市仍然可以看多
上升途中	在上涨的途中出现量平价跌，可以将其视为一个正常的回调，后市仍然看多，股民可以继续持股买入
上升末期	在上升的末期出现量平价跌，说明主力产生了动摇，有出货迹象，股民可以退场观望
下跌初期 / 途中	在下跌的初期或途中出现量平价跌，说明下跌的趋势依旧，后市看空，股价还会继续下跌，股民应该及时退出观望
下跌末期	在下跌末期出现量平价跌，通常此时的成交量已经很小了，下跌的动能已经接近衰竭，预示底部将近，股民应该密切关注该股

实例分析

下跌末期出现量平价跌买入黑猫股份（002068）

如图 9-21 所示为黑猫股份 2018 年 8 月～2019 年 4 月的 K 线走势，从图中可以看到，黑猫股份的股价前期表现下跌走势，在 12 月的时候，下跌的末期出现量平价跌现象，说明股价运行到低位区，后市股价将出现见底回升的行情。

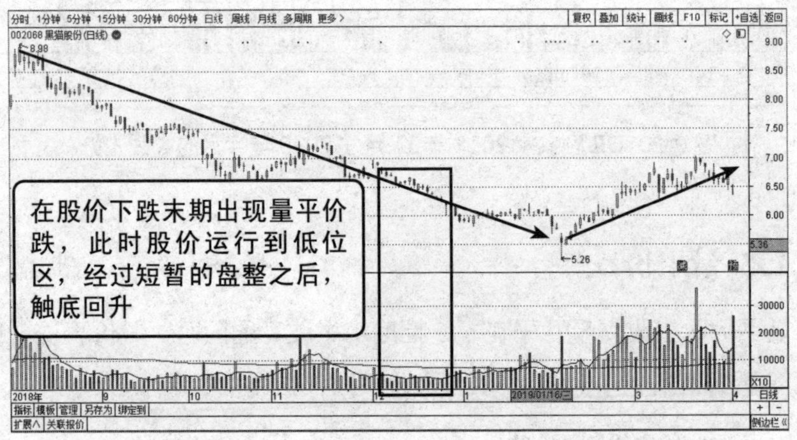

图 9-21 黑猫股份 2018 年 8 月～2019 年 4 月的 K 线走势

当心风险谨慎炒股

不管是新手学炒股，还是炒股经验丰富的老股民，都需要面对股市投资风险的问题。尽管收益与风险相互依存，不可避免，但是如何使用投资技巧和策略，降低股市投资的风险是每一个股民都需要掌握的技巧。

NO.136 系统性的风险
NO.137 非系统性的风险
NO.138 规避风险，技术炒股
NO.139 虚假交易
NO.140 制造假消息
NO.141 多头陷阱
…………

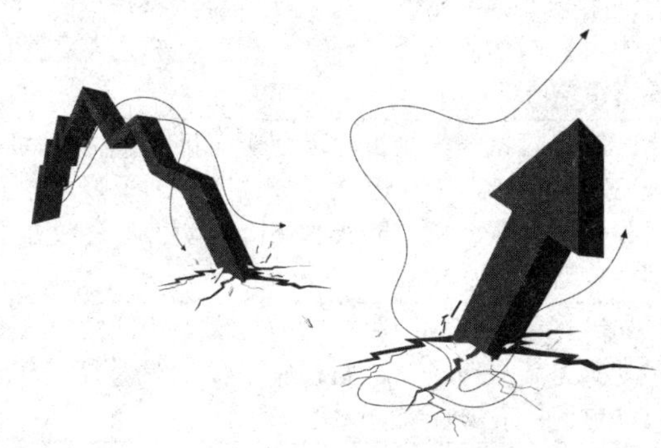

10.1 股市风险了然于心

虽然大家都知道股市有风险，投资需谨慎。但是炒股具体有哪些风险？风险有多大？很多人却不清楚。想要有效地对股市风险进行控制管理，需要对股市中的风险做到了然于心，有的放矢。

NO.136 系统性的风险

股市中常常会出现一些系统性的、不可规避的风险，通常是由外部客观因素带来的，例如政策风险、社会环境以及经济等一些宏观因素，具体如表 10-1 所示。

表 10-1　系统性风险

风险	内容
政策风险	政策风险指的是政府有关证券市场的政策和法规发生的重大变化，以及重要措施的出台，对证券市场引起的波动，带来的投资风险。经济政策和管理措施的变化，可能会直接影响公司利润、投资收益；证券交易政策的改变可直接影响股票的价格。而一些看似无关的政策变化，比如对于私人购房的政策，也可能影响证券市场的资金供求关系。因此，每一项经济政策、法规的出台或调整，对证券市场都会有一定的影响，有的甚至会产生很大的影响，从而引起市场整体的较大波动
利率风险	利率风险指的是利率变动，出现货币供给量变化，导致证券权需求变化而引起证券价格变动的一种风险。利率降低，大部分人不愿意通过银行存储增值货币，利率升高，大部分人更愿意银行存储实现稳妥货币增值
通货膨胀风险	通货膨胀风险指因为物价变动而影响证券价格变动的一种风险。物价上涨，使得货币发生贬值，导致购买力下降。在证券市场中，如果发生通货膨胀，货币购买力下降，使得投资收益下降，给股民带来损失
市场风险	市场风险指证券市场中存在的，是由证券价格的涨跌直接引起的风险，尤其是新兴市场上，引起股市波动的因素更多，也更复杂，价格波动更大，市场风险也更大

NO.137 非系统性的风险

非系统性的风险又称为非市场风险或可分散风险，它是对某一只股或某一类股票产生影响的不确定因素，例如上市公司的经营管理、财务状况、市场销售以及重大投资等因素，它们的变化都会对公司的股价带来直接的影响。具体的风险如表 10-2 所示。

表 10-2 非系统性风险

风险	内容
经营风险	经营风险指因为公司经营不善，甚至发生倒闭，给股民带来的投资损失。经营风险的程度取决于公司的经营活动，某些行业的收益不稳定，很容易受到外部条件和环境的影响
信用风险	信用风险也称为违约风险，指证券公司不能按时向股票持有人分配股息、红利，给股民带来损失的可能性。信用风险主要受到证券发行人的经营能力、盈利水平、事业稳定程度以及公司规模等因素的影响
财务风险	财务风险指公司因为筹集资金而产生的风险，即公司可能会丧失偿债能力的风险。公司不合理的财务结构会带来财务风险，一般贷款和债券比重大的公司，其股票的财务风险较高
流动性风险	流动性风险指股民手中的股票难以卖出，股民资金被套牢的风险。在证券市场中，股票之间的流动性风险差异较大，有的股票供不应求，人气较高，流动性风险低。但是有的股票却难以脱手
道德风险	道德风险主要指上市公司管理者的不道德行为给公司股东带来损失的可能性。上市公司管理者的任何不道德的行为都会给股票价格带来直接影响，从而给股民带来直接的利益损失

NO.138 规避风险，技术炒股

虽然股市中的很多风险不可避免，但是还有很多的风险是可以通过人为的控制和管理，可以尽最大可能地将其降到最低。下面介绍一些有效规避炒股风险的投资方法。

（1）分散投资

分散投资简单来讲就是股民在投资股票时，不要集中在一只或几只股票上，可以采取分散投资的策略，选择多只股票作为投资对象。由于资金分散，单笔投资规模较小，即便一只或两只股票表现不佳，也不会对整体的投资收益带来巨大的损失。

分散投资的分散程度主要取决于股民的投资策略。在具体的分散策略中，可以从以下几个方面来进行分散。

- **资金分散**：资金分散即股民不要将资金集中在一只股票上，以防全部资金被套牢。
- **行业分散**：选择多只股票进行投资时，避免购买一个行业的股票，以防某一行业出现萎靡而造成所有股票的亏损。
- **时机分散**：在炒股操作中，时机一直是一项关键的因素，规避风险，需要选择分散时机，选择不同的时间段进行投资，例如行业的淡季、旺季。
- **地域分散**：地域分散主要是为了避免某一地区出现政策性的变动，从而影响股市变化，给股民带来损失。

（2）分段买入

当股民对股市的行情走势不能清晰把握时，如果盲目地将资金一次性买入某只股票，股票价格大幅度上涨，那么股民必然可以得到高收益。反之，如果股票下跌，那么将会给股民带来巨大的损失。为了有效地规避这种风险，可以采用分段买入的方法。

分段买入，即在某一价位时买入第一批，在股价上升到一定价位时买入第二批，然后再根据不同价位买入第三批和第四批等。在分批投资买入的过程中，一旦出现股价大幅度下跌的情况，股民可以视情况立即停止继续投入，也可以根据情况快速出售股票。

虽然分段买入的方法确实可以有效地降低风险，但是也存在着减少投资收益的缺陷。如果在牛市行情中，采用分段买入的投资方法会大幅度的降低投资收益。

（3）分段卖出

分段卖出与分段买入有异曲同工之处。分段卖出指当持有的股票创造新高之时，可以卖出部分持有的股票，先行套出一部分现金，然后再将剩下的股票继续保留下来。如果股票后期表现低迷，因为有了前期的获利，即使股价下跌，损失也不会太惨重。此时可以安心持有，等待下次反弹拉升。

虽然以上的这些方法可以在一定程度上起到降低投资风险的作用，但是在实际的投资过程中，由于股市千变万化，股民还是需要根据具体的情景，进行具体的分析，不必完全套用。

10.2 股市中常见的套路

为了在股市中获得收益，很多的投资者和投机者会故意埋下套路，让那些没有防范的投资者陷入其中。为了避免这一情况的发生，股民需要提前了解他们的一些套路，做到有效预防。

NO.139 虚假交易

虚假交易是股市中比较常见的一种套路手段，它指某些大庄家利用不同的身份，在不同的证券公司开立几个户头，互相转账，做成虚假的交易记录，或者分别委托两个经纪人，由一方买进，另一方卖出，以便拉高或压低股价，从中获利。

所以，股民在实际的股票交易中需要小心虚假交易陷阱。判断是否为虚假交易可以通过成交量明细来辨别，如果出现反复的大单买进卖出，并且价位相差不大，那么很有可能是庄家在自买自卖。

NO.140 制造假消息

股价的涨跌变化给股民带来了买进卖出赚取差价的机会，为了让股价能够按照自己预期的方向走，庄家会通过各种各样的途径放出股票的各种消息，甚至是捏造不实消息或散布谣言来从中获利。

一般来说，股市当中的操盘手们不会轻易透露操盘计划，如果有消息流露出来，多半是故意制造的假消息。尤其是股市中时常出现的所谓“内幕消息”，通常都是谣言陷阱。常见的内幕消息如下所示，用户需要注意。

- 公司的经营方针和经营范围发生的重大变化。
- 公司的重大投资行为和重大的购置财产的决定。
- 公司订立重要合同，而该合同可能对公司的资产、负债权益和经营成果产生重要影响。
- 公司发生重大的债务和未能清偿到期的重大债务的违约情况。
- 公司发生重大的亏损或遭受超过净资产的10%以上的重大损。
- 公司经营的外部条件发生的重大变化。
- 持有公司重要股东，其持股情况发生重大变化。
- 公司减资、合并、分立、解散及申请破产的决定。
- 涉及公司的重大诉讼。
- 公司分配股利或增资计划。
- 公司股权结构的重大变化。
- 公司债务担保的重大变更。

对于这种把戏，投资者需要冷静地分析股票发行公司提供的财务报表等有关资料，查看个股走势，研判个股后市走向，在未弄清实情之前，切不可盲目跟进。

NO.141 多头陷阱

多头陷阱指资金被套牢的情况。套牢是进行股票交易时所遭遇的交易风险，它是指投资者所买入证券的价格不涨反跌，等待价格回升再卖出，致使资金在较长时间内占用。套牢分为多头套牢和空头套牢。投资者预计股价将上涨，但在买进后股价却一直呈下跌趋势，这种现象称为多头套牢。

多头陷阱即为多头设置的陷阱，通常发生在指数或股价屡创新高，并迅速突破原来的指数区且达到新高点，随后迅速滑落跌破以前的支撑位，结果使在高位买进的投资者严重被套。多头陷阱是庄家利用资金、消息或其他手段操纵图表的技术形态，使其显现出多头排列的信号，诱使散户买入。

多头陷阱通常发生在行情盘整形成头部时，成交量已开始萎缩，但多数股民对后市尚未死心，不愿杀跌出场，因而其形态完成时间相对较长。如图 10-1 所示。

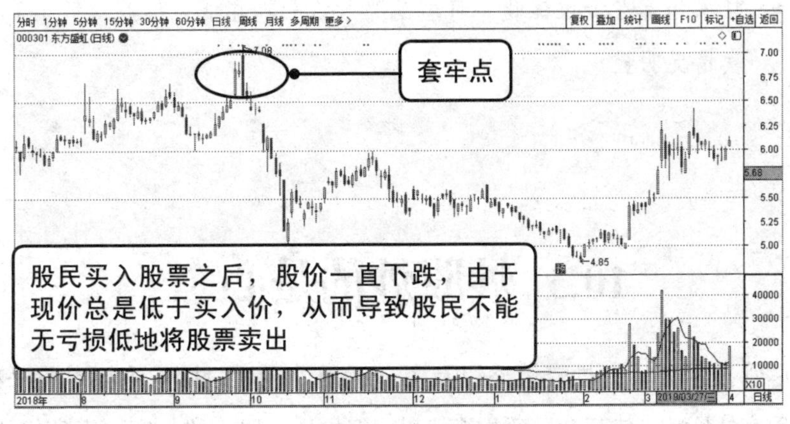

图 10-1 多头套牢

面对多头陷阱，在尚未确认的中段整理阶段时，投资者宁可保持观望态度，等支撑确定后再做多也不迟。否则，多头陷阱一旦确立，必须在原趋势线破位后停损杀出，因为在以后的一段可观的跌势中，做空的利润或许足以弥补做多的损失了。

NO.142 空头陷阱

空头陷阱是指市场中的主力大力做空，盘面显示明显的疲乏状态，诱使持股人纷纷恐慌性抛售股票，然后主力再低价吸收股票的做法。空头陷阱的前期表现为指数、股价从高位区滑落至低位区，后期强劲上升，直至突破原始阻力线。

判断空头陷阱的依据主要从以下几个方面入手。

- 大盘走软，利空消息不断传出，个股价格快速下降，但即使在暴跌时成交量也一样萎靡不振，形成无量空跌的态势。
- K线图中连续几根长阴线出现暴跌，贯穿各种强支撑位，并伴随向下跳空缺口，形态出现破位。
- 多重技术指标在几个周期出现同步背离。
- 技术指标在低位钝化（可理解为股价长期在低位，波动很小），超卖情况明显。

10.3 炒股炒的是心态

尽管技术分析、投资策略以及资金运用等在炒股操作中都对股民有着不同程度的影响，甚至会导致投资失败。但如果炒股人的心态不管理好的话，很有可能在炒股的初期就已经炒股失败了，因为炒股实质上就是炒心态。

NO.143 拒绝赌徒心理

赌徒心理通常是不够理智的投资者抱有的心理，他们完全性依靠运气赌博，虽然纯粹依靠心理支持，在股价飞涨的牛市中可能会得到一些收益，但是股市中长期盈利的投资者一定不是抱有赌徒心理的人。

股市投资逢低买进，遇高卖出，怎么来区分是否抱有赌徒心理呢？赌博与投资真正的区别在于采用什么样的方式来买卖股票。真正的投资者，他们购买股票的动机不仅仅受到股价波动的驱使，而是通过预估投资收益，评估投资风险的比率，再确定投资策略。

实例分析

赌博心理买入后损失重大

如图 10-2 所示为恒立实业（000622）2018 年 7 月 ~ 2019 年 1 月的 K 线走势。

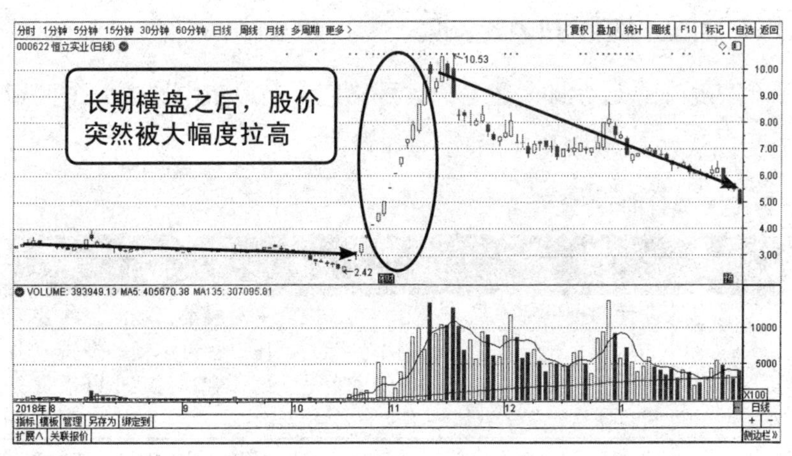

图 10-2 恒立实业 2018 年 7 月 ~ 2019 年 1 月的 K 线走势

从上图可以看到，恒立实业的股价长期在底部横盘，2018 年 10 月 19

日开始呈现上涨，后面连续多个交易日出现涨停，股价被大幅度拉升，股价从底部的2.42元上涨至10.53元的高价位。

通常来说，股价突然性的被大幅度拉升，接连出现涨停，意味着再次买入风险就被放大。查看此时股价拉升增长后两日的成交量增加，出现大量大额、小额买单，说明此时有许多的投资者不顾及风险强势介入其中。认为股价会趁着这波涨幅，继续向上拉升。

但是，后市股价于10.53元之后便开始出现了下跌。当初看好股价后市走向，在9元、10元价位附近抱有赌徒心态购买股票的投资者，此时只能继续被套牢，或者忍痛卖出。

在实际的股票投资中，避免赌徒心理的一个有效做法就是选择好进场时机，在趋势向好的时候买入股票。市场处于跌势中时，不买进任何所谓的“好股票”。上涨时耐心持股，下跌时不管多么大的反弹都不要买入股票。这样不管市场风险多大，都能够从容应对，不管买入股票后如何套牢，个股总会在市场的上涨趋势当中重新恢复多头态势。

NO.144 树立良好的心理素质

我们知道了炒股票即是炒心态，那么怎么在股市中树立一个良好的心态呢？可以从如表10-3所示的几个方面入手。

表10-3 树立良好的心态

心理	内容
风险意识	任何的投资都不是一本万利的，投资者对股票市场的风险要有清晰的认识，充分考虑自己的承受能力，在自己可承受的损失范围之内进行投资活动。如果炒股的资金是全部资金，甚至是以借贷资金来进行博弈，那么其风险承受能力就较差
冷静乐观的投资态度	股市有涨有跌，投资者必然也会有赔有赚，不要因为一时的涨跌而大喜大悲，冲动投资。在暴跌行情中重要的是冷静，只有冷静才能够正确地审时度势，合理操作，将损失减少到最低限度

续表

心理	内容
学会坚持	投资者对于市场中出现的一些非理性下跌要采取忍耐的态度，通常能够真正让投资者感到恐惧的暴跌行情持续的时间不长，并且能很快形成阶段性底部。所以，越是在这样的情况下，投资者越是要懂得坚持，耐心等候
克服贪婪心理	股市中炒股最为忌讳的便是贪婪，具有贪婪心理的人在股价上升到一定高位，表现疲乏，出现下跌信号时，仍然不肯抛出手中的股票，一心期待更高位的到来，结果可想而知。克服贪婪心理首先要在自己的心理预备一个可承受的范围，包括下跌的范围，以及上涨的范围，超出承受范围时就要引起注意了，根据具体的行情，理智分析，合理判断是否继续持股，或者是否买入
自主意识	股市中常常会看到一些盲从跟风的投资者，看到别人买进某只股票或者抛出某只股票，便马上跟着买进卖出。这样的投资者便是缺乏自主意识的投资类型，这样盲目地跟风行为是非常危险的，也极容易导致投资失败。树立自主意识，坚持自主决策，提高自身的判断能力，才是股市中的长胜秘诀

NO.145 股市淘金并非人人都适合

尽管人人都想要在股市中获得收益，赚得盆满钵满，但是事实上却是有的人收益不菲，有的人损失惨重。因此，炒股这样的投资方式并不适合每一个人。

通常来说，以下 3 种类型的人不适合炒股。

- **资金不足的年轻人**：股市炒股的门槛虽然不高，但是对于尚且在奋斗期，没有过多资金储备的年轻人来说，不是一项好的投资方式。因为年轻人工作时间短，资金量较低，而炒股投资的基数越大，增值才会越多。另外，有的人由于缺乏资金，借贷炒股，这类投资者通常以投机的心态进入股市，一旦在股市中被深度套牢，将难以承担巨大的精神压力，甚至可能出现精神崩溃的情况。

- **缺乏股票基础知识的人**：想要通过炒股获得高回报，却连股票基础知识都不了解的人，对个股以及公司没有一定的认识，行情分析自然也就无从下手。盲目地追涨杀跌，必然带来巨大的损失。
- **心理承受能力较差的人**：炒股是一种高风险的投资活动，股市也千变万化，前一分钟可能还在涨，下一分钟就开始下跌，所以心理承受能力较低的人并不适合这样高风险性的投资活动。这类的投资者可以选择一些相对稳定、有保障的投资活动，例如债券、货币基金以及银行储蓄等。

与之相对的，适合炒股的投资者通常具有 4 种特质，如图 10-3 所示。

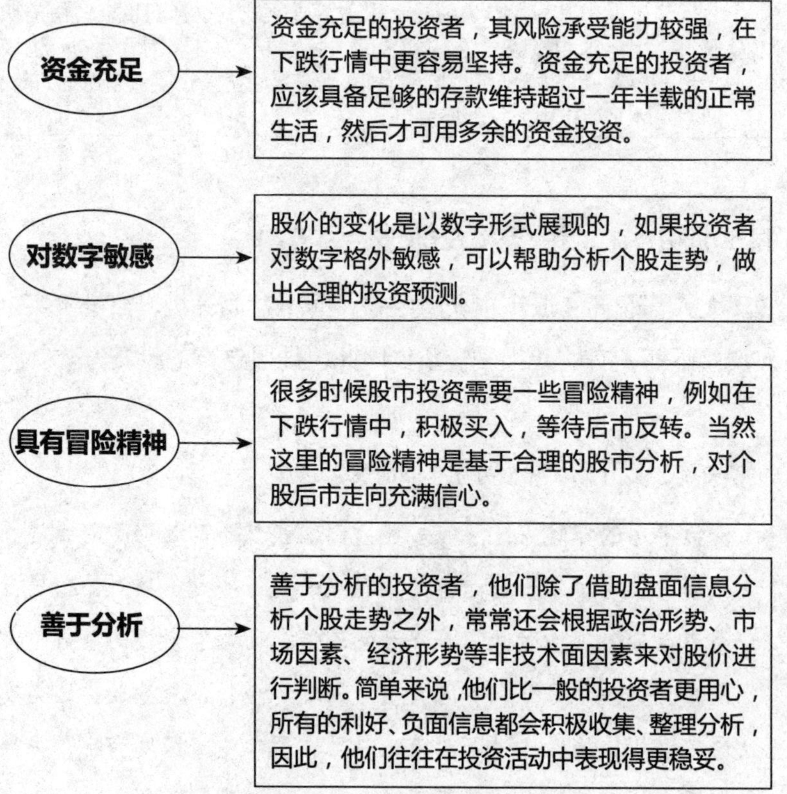

图 10-3 适合炒股的投资者的特质

NO.146 炒股中的忌讳

虽然股市风险无法避免，但是投资者可以避免一些常见的错误操作，降低风险。股市投资有几类忌讳事项，投资者需要引起注意，避免出现这些情况。

（1）忌讳满仓

许多初入股市的新股民没有仓位的概念，直接满仓操作。殊不知，这是股市炒股的一大忌讳。仓位，简单来说，就是买股票的金额占投入总资金的比例。

股民炒股需要控制仓位，即给自己留有余地，等行情好的时候可以适时跟进，行情不好时，留有快速反转的能力。因此，无论何时，理性控制仓位都具有重要意义。

对于初入股市的股民，仓位的设置建议如图 10-4 所示。

①刚刚进入股市时，建议将仓位控制在 50% 以下，以熟悉股市炒股的基础知识为主。

②随着自己对股市的了解和技术水平的提高，可以逐步提高自己的仓位设置，但是仍然不要满仓操作，可以将仓位升至 70% ～ 80%。

③最后余下的仓位暂时不要使用，给自己留有余地。

图 10-4 仓位设置

（2）及时止损

虽然我们都不想让自己损失，但是如果损失已经成为定局，那么我们就需要控制损失的程度，懂得及时止损，让损失变得更小。这是所有的股民都需要掌握的技巧。预先设定一个止损点再开始进行炒股交易。

- 懂得坚持预先设定的止损点。很多的股民都会在投资之前设定止损点，但真正出现损失时，由于不甘心的心理，便会在心里一再地降低自己的止损点。这样的做法很容易被深度套牢。
- 先卖出一半的持股。由于心理作用，很多的股民都无法做到及时止损。此时，可以先卖出一半持股，降低部分损失，然后另外的一半用来坚持自己的想法。

（3）忌挪用生活资金

炒股投资应该以闲置的资金为主，不要将生活和生产过程中必需的资金投入股市，股市的风险可能会很大，一旦全军覆没会给投资者心理带来极大压力。

在保证基本开销充足的前提下，将剩下的资金作为股本炒股是可行的，投资的压力也会降低，投资操作也显得更加从容。